LEATHER BRAIDING & LACING

革の編みとかがり

［増補・改訂版］

STUDIO TAC CREATIVE

LEATHER BRAIDING & LACING
革の編みとかがり
[増補・改訂版]

CONTENTS

007 材料と基本工具　MATERIALS & TOOLS

011 実践テクニック　TECHNIC
- 012　平編み　THONG BRAID
  - 013　3つ編み　THREE THONGS HAIR BRAID
  - 018　4本平編み　FOUR THONGS BRAID
  - 019　5本平編み　FIVE THONGS BRAID
  - 020　6本平編み　SIX THONGS BRAID
- 021　トリック編み　TRICK BRAID
- 022　4本丸編み　ROUND BRAID OF FOUR THONGS
  - 023　4本丸編み1　ROUND BRAID OF FOUR THONGS 1
  - 026　4本丸編み2　ROUND BRAID OF FOUR THONGS 2
- 028　6本丸編み　ROUND BRAID OF SIX THONGS
- 034　8本丸編み　ROUND BRAID OF EIGHT THONGS

040 アイテム作例1　ITEM SAMPLE 1
- 044　シングルループかがり　SINGLE LOOP LACING
- 052　ダブルループかがり　DOUBLE LOOP LACING
- 060　トリプルループかがり　TRIPLE LOOP LACING
- 068　スペインかがり　SPANISH LACING

075 アイテム作例2　ITEM SAMPLE 2
- 078　スクエアブレード&スパイラルツイストブレード　SQUARE BRAID & SPIRAL TWIST BRAID
  - 079　スクエアブレード　SQUARE BRAID
  - 084　スパイラルツイストブレード　SPIRAL TWIST BRAID
- 088　アップリケ　APPLIQUE
  - 090　アップリケ1　APPLIQUE 1
  - 092　アップリケ2　APPLIQUE 2
  - 094　アップリケ3　APPLIQUE 3
- 098　スリットブレード　SLIT BRAID
  - 099　スリットブレード1　SLIT BRAID 1
  - 101　スリットブレード2　SLIT BRAID 2
- 104　平編みアップリケ　APPLIQUE OF THONG BRAID
  - 105　3本平編みアップリケ　APPLIQUE OF THREE THONGS BRAID
  - 108　5本平編みアップリケ　APPLIQUE OF FIVE THONGS BRAID

111 アイテム作例3 ITEM SAMPLE 3

113 アイテム製作　HOW TO MAKE ITEMS
- 114　コインケース　COIN CASE
- 128　ライターケース　LIGHTER CASE
- 138　キーケース　KEY CASE

149 アイテム作例4 ITEM SAMPLE 4

150 ショップインフォメーション　SHOP INFORMATION

平編み

THONG BRAID
P12〜

最もスタンダードな編み方である平編み。3つ編みの他に、4本、5本、6本の平編みと、3本のトリック編みを紹介する。基本を知っていれば、広く応用することができる

丸編み

ROUND BRAID
P22〜

ウォレットロープなどに使用される丸編み。定番の4本丸編みの他に、6本や8本の丸編みも紹介していく。使用するレースによって、太さや雰囲気を変えることができる

かがり

LACING
P44〜

レザークラフトを楽しむ上で欠かせないかがりという技術。シングル、ダブル、トリプルに加えて、段違いに重ねたを連結する時などのかがりに便利なスペインかがりも紹介する

SQUARE BRAID & SPIRAL TWIST BRAID
P78〜

N字にレースを折り曲げて、縦に折り込んでいくスクエアブレードとスパイラルツイストブレード。キーホルダーやロープなどに応用することができる

スクエアブレード＆スパイラルツイストブレード

APPLIQUE
P88〜

革のプレートに等間隔の穴を空け、そこにレースを編み込んでいくアップリケ。穴の間隔やレースの種類や色で、オリジナリティを引き出すことができる

アップリケ

SLIT BRAID
P98〜

帯状の革に細長い穴を空け、革の先端を穴に差し込んでいくスリットブレード。山折りと谷折りの違いで、異なった表情を作り出す。今回はキーホルダーとして製作

スリットブレード

平編みアップリケ
APPLIQUE OF THONG BRAID
P104〜

平目で穴を等間隔に空け、レースを編み込んでいく。P88からのアップリケとは異なり、3本と5本の平編みを編み込んでいくため、ボリュームは押さえながらも、装飾性に優れている

コインケース
COIN CASE
P114〜

メキシカンバスケットウィーブというかがりの技法で、コインケースを製作する。かがりにはカンガルーレースを、コンチョに掛けるひもにはエルクレースを使用し、複数のビーズで装飾する

ライターケース
LIGHTER CASE
P128〜

次に、本体にアップリケを施したライターケースの製作方法を紹介する。アップリケは3本平編みで製作し、4本丸編みのストラップを付ける

キーケース
KEY CASE
P138〜

アイテム製作の最後は、三つ折り式のキーケース。2つのジャンパードットで固定するスタンダードなデザインだが、周りをトリプルループでかがることによって、高級感を演出する

MATERIALS & TOOLS
材料と基本工具

編みやかがりを始める前に、まずは材料と工具を揃えなければならない。レースは様々な種類があるので、好みで選ぶと良い。

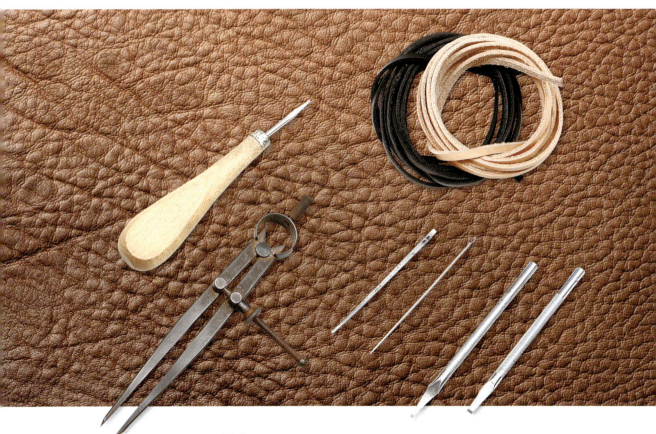

警告 CAUTION

■この本は、習熟者の知識や作業、技術をもとに、編集時に読者に役立つと判断した内容を記事として再編成し掲載しています。そのため、あらゆる人が作業を成功させることを保証するものではありません。よって、出版する当社スタジオタック クリエイティブ、及び取材先各社では作業の結果や安全性を一切保証できません。作業により、物的損害や傷害の可能性があります。その作業上において発生した物的損害や傷害について、当社では一切の責任を負いかねます。全ての作業におけるリスクは、作業を行なうご本人に負っていただくことになりますので、充分にご注意ください。
■使用するものに改変を加えたり、使用説明書等と異なる使い方をした場合には不具合が生じ、事故等の原因になることも考えられます。メーカーが推奨していない使用方法を行なった場合、保証やPL法の対象外になります。
■本書は、2010年7月26日までの情報で編集されたものに、新たな情報を追加したものです。そのため、本書で掲載している商品やサービスの名称、仕様、価格などは、製造メーカーや小売店などにより、予告なく変更される可能性がありますので、充分にご注意ください。
■写真や内容が一部実物と異なる場合があります。
■本書に掲載されている型紙や図案は取材先のオリジナルデザインです。使用する場合は個人の利用に限ってください。

MATERIALS & TOOLS
材料と基本工具

ここでは、編みやかがりに使用する材料と工具類を紹介していく。これらは最低限必要となるものなので、製作するアイテムによっては他の工具も揃える必要が出てくる場合がある。

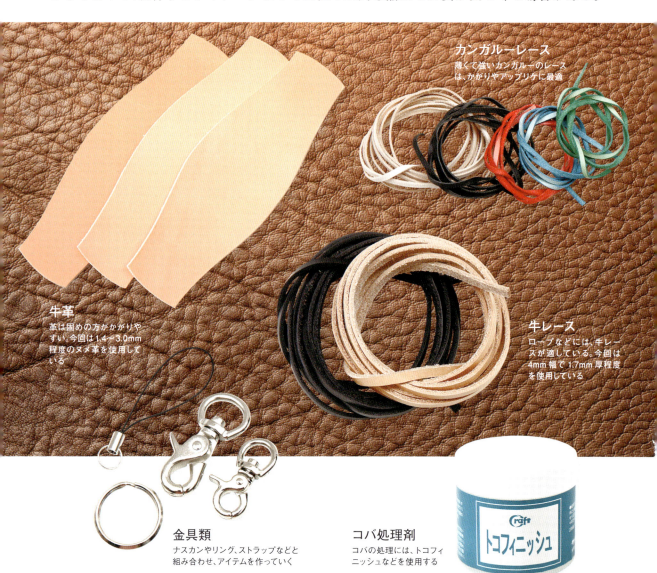

カンガルーレース
薄くて強いカンガルーのレースは、かがりやアップリケに最適

牛革
革は固めの方がかがりやすい。今回は1.4〜3.0mm程度のヌメ革を使用している

牛レース
ロープなどには、牛レースが適している。今回は4mm幅で1.7mm厚程度を使用している

金具類
ナスカンやリング、ストラップなどと組み合わせ、アイテムを作っていく

コバ処理剤
コバの処理には、トコフィニッシュなどを使用する

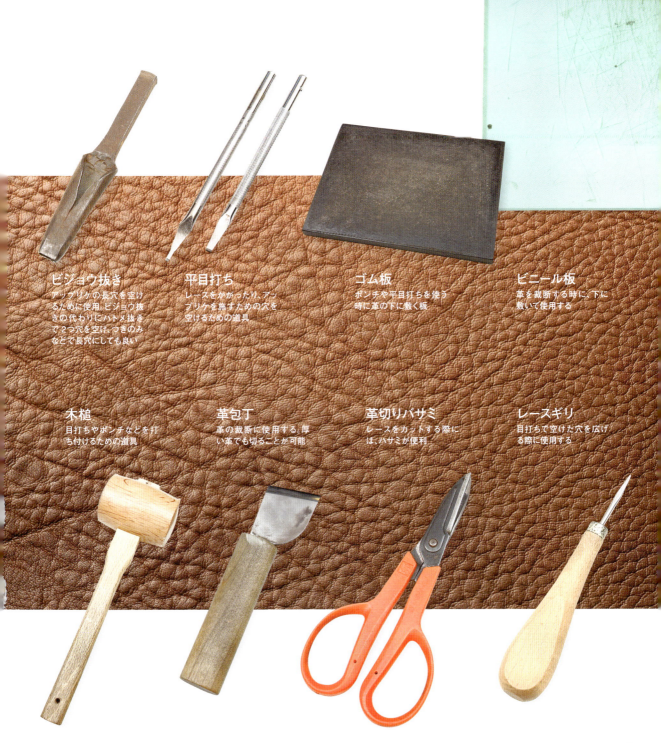

ビジョウ抜き
アップリケの長穴を空けるために使用。ビジョウ抜きの代わりにハトメ抜きで2つ穴を空け、つきのみなどで長穴にしても良い

平目打ち
レースをかがったり、アプリケを施すための穴を空けるための道具

ゴム板
ポンチや平目打ちを使う時に革の下に敷く板

ビニール板
革を裁断する時に、下に敷いて使用する

木槌
目打ちやポンチなどを打ち付けるための道具

革包丁
革の裁断に使用する。厚い革でも切ることが可能

革切りバサミ
レースをカットする際には、ハサミが便利

レースギリ
目打ちで空けた穴を広げる際に使用する

MATERIALS & TOOLS

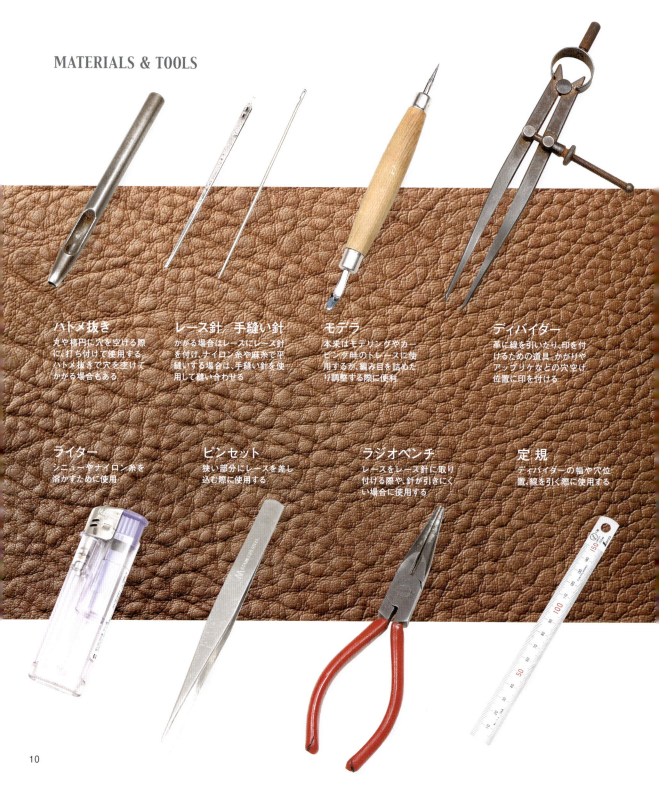

ハトメ抜き
丸や楕円に穴を空ける際に、打ち付けで使用する。ハトメ抜きで穴を空けてかがる場合もある

レース針／手縫い針
かがる場合はレースにレース針を付け、ナイロン糸や麻糸で平縫いする場合は、手縫い針を使用して縫い合わせる

モデラ
本来はモデリングやカービング時のトレースに使用するが、編み目を詰めたり調整する際に便利

ディバイダー
革に線を引いたり、印を付けるための道具。かがりやアップリケなどの穴空け位置に印を付ける

ライター
シニューやナイロン糸を溶かすために使用

ピンセット
狭い部分にレースを差し込む際に使用する

ラジオペンチ
レースをレース針に取り付ける際や、針が引きにくい場合に使用する

定規
ディバイダーの幅や穴位置、線を引く際に使用する

TECHNIC
実践テクニック

実際に編みやかがりの技法を紹介していく。組み合わせやアイデア次第で、アイテムに個性を出すことができるだろう。

警　告 CAUTION

■この本は、習熟者の知識や作業、技術をもとに、編集時に読者に役立つと判断した内容を記事として再編成し掲載しています。そのため、あらゆる人が作業を成功させることを保証するものではありません。よって、出版する当社スタジオタック クリエイティブ、及び取材先各社では作業の結果や安全性を一切保証できません。作業により、物的損害や傷害の可能性があります。その作業上において発生した物的損害や傷害について、当社では一切の責任を負いかねます。全ての作業におけるリスクは、作業を行なうご本人に負っていただくことになりますので、充分にご注意ください。
■使用するものに改変を加えたり、使用説明書等と異なる使い方をした場合には不具合が生じ、事故等の原因になることも考えられます。メーカーが推奨していない使用方法を行なった場合、保証やPL法の対象外になります。
■本書は、2010年7月26日までの情報で編集されたものに、新たな情報を追加したものです。そのため、本書で掲載している商品やサービスの名称、仕様、価格などは、製造メーカーや小売店などにより、予告なく変更される可能性がありますので、充分にご注意ください。
■写真や内容が一部実物と異なる場合があります。
■本書に掲載されている型紙や図案は取材先のオリジナルデザインです。使用する場合は個人の利用に限ってください。

THONG BRAID
平編み

最も簡単で、最も基本的な平編み。5本平編みや6本平編み、トリック編みなどは、ベルトやアクセサリーなどに応用できる。

3つ編み
THREE THONGS HAIR BRAID

髪の結び方としても知られている3つ編み。編み方は簡単だが、編みの基本中の基本である。
ここでは、ネックレスを作りながら3つ編みの方法を紹介していく。

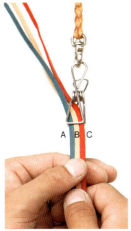

01 A、B、Cをきれいに並べてクリップなどで固定する

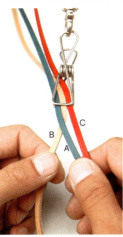

02 BをAの下に通して左側に持ってくる

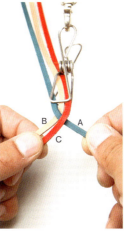

03 続いてCをAの上から左側に持ってくる

04 左右に引っぱり、編み目を詰める

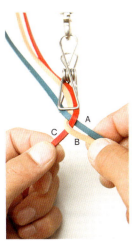

05 BをCの上から右側に持ってくる

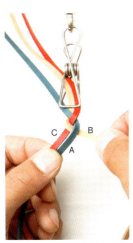

06 AをBの上から左側に持ってくる

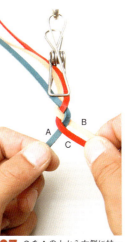

07 CをAの上から右側に持ってくる

08 2本ある側の、一番端のレースを反対側のレースとの間に持っていく。これを繰り返して進んでいく

平編み THONG BRAID

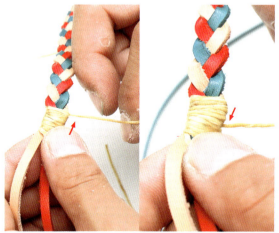

09 今回はシニューを使って3本のレースを固定する。シニューに手縫い針を付ける

10 3つ編みの終わり部分から、シニューを巻いていく

11 シニューは下から上に向かって巻き、10〜15mm巻いたら重ねながら下に向かって巻いていく

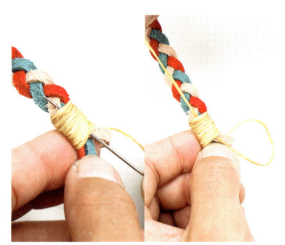
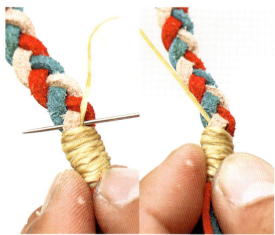

12 11で下まで巻いたら、シニューとレースの間に針を差し込んでシニューを引っぱる

13 続いてレースの中心に針を差し込む

平編み THONG BRAID

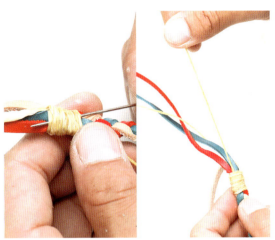

14 今度は上から下に向かって、シニューとレースの間に針を通す

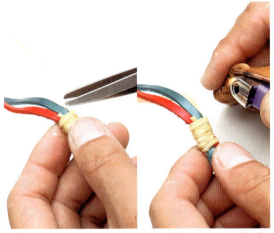

15 余分なシニューをカットする。カットした先端を火であぶって溶かす

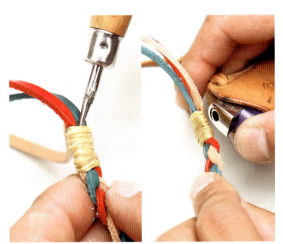

16 ライターで溶かしたらモデラの先端で押さえ、シニューの先端を隠す。巻き付けたシニューの周りも軽く炙り、シニューを絞める

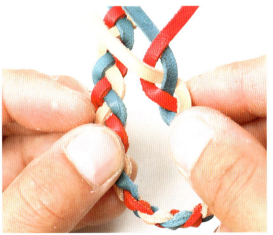

17 今回はネックレスを作るので、もう一方の先端を輪にして留める。レースは編み目に差し込んで固定する

平編み THONG BRAID

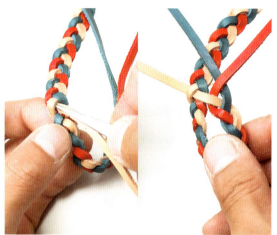

18 ピンセットでレースの先端を挟み、編み目に差し込む

19 レースが向いている方向に合わせて、編み目に差し込むこと。2本は同じ方向で、1本は逆の方向に差し込むことになる

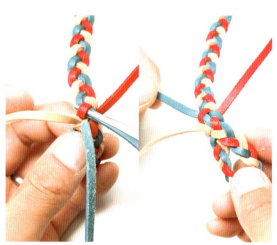

20 最後の1本を編み目に差し込む。レースの方向に合わせて編み目に差し込むことで、見た目も収まりも良くなる

21 編み目に差し込んだ3本のレースを束ね、手縫い針を付けたシニューで固定する。シニューをレースと平行にして指で留める

平編み THONG BRAID

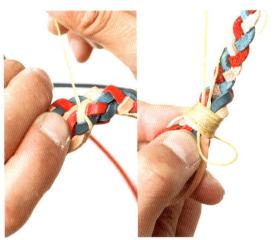

22 下から上に向かってシニューを巻いていく。シニューはきれいに重ねていき、10mm程巻いたら今度は下に向かって巻いていく。下まで巻いたらレースとシニューの間に針を通す

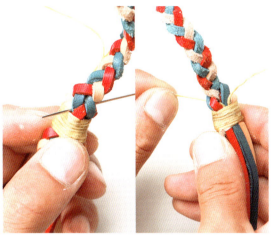

23 上に出した針を編み目の中心に通す

24 上から下に向かって、レースとシニューの間に針を通し、カットしたらライターで焼き留めする

25 適当な長さに余分なレースをカットし、3つ編みロープの先端を輪に通せばネックレスの完成となる

平編み THONG BRAID

4本平編み
FOUR THONGS BRAID

4本のレースを使った編みでは丸編みの方がよく使われるが、平編みもブレスレットなどのアクセサリーに利用すれば、オリジナリティ溢れるアイテムが作れるだろう。

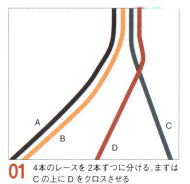
01 4本のレースを2本ずつに分ける。まずはCの上にDをクロスさせる

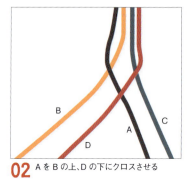
02 AをBの上、Dの下にクロスさせる

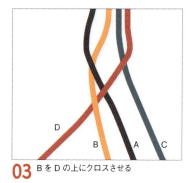
03 BをDの上にクロスさせる

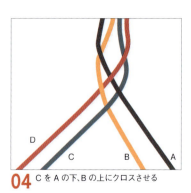
04 CをAの下、Bの上にクロスさせる

05 DをCの上にクロスさせる

06 AをBの下、Dの上にクロスさせる

07 CをAの上にクロスさせる

08 BをDの下、Cの上にクロスさせる

09 AをBの上にクロスさせる。この後は05〜08までを繰り返して進んでいく

平編み **THONG BRAID**

5本平編み
FIVE THONGS BRAID

5本のレースを使った平編みの方法を紹介する。4本編みよりも1本多くなっただけだが、ボリュームが出てまた違った雰囲気を作り出すことができる。

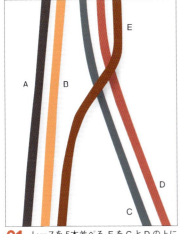

01 レースを5本並べる。EをCとDの上にクロスさせる

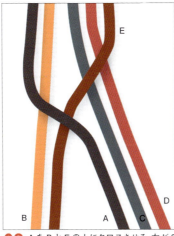

02 AをBとEの上にクロスさせる。左が2本、右が3本の状態となる

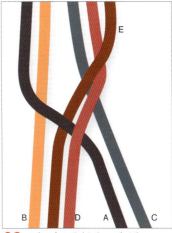

03 DをAとCの上にクロスさせる

04 BをDとEの上にクロスさせる

05 CをAとBの上にクロスさせる

06 数が多い方の一番端を上から重ね、少ない方の内側へ持ってくる

07 必要な長さになるまで06を繰り返した進んでいく

平編み THONG BRAID

6本平編み
SIX THONGS BRAID

6本になると数が多くて間違えそうだが、順を追って編んでいけば難しいことはない。使用するレースの太さを変えるだけでガラッと雰囲気は変わる。

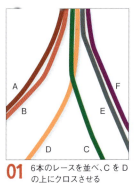

01 6本のレースを並べ、CをDの上にクロスさせる

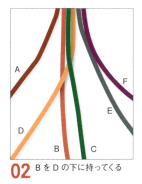

02 BをDの下に持ってくる

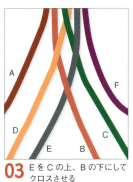

03 EをCの上、Bの下にしてクロスさせる

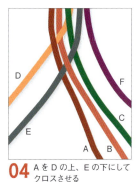

04 AをDの上、Eの下にしてクロスさせる

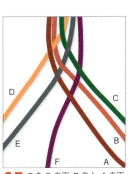

05 FをCの下、Bの上、Aの下にしてクロスさせる

06 左右3本ずつのレースを矢印の方向に引っぱりながら押し上げて編み目を詰める

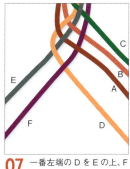

07 一番左端のDをEの上、Fの下にクロスさせる

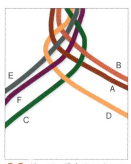

08 続いて一番右のCをBの下、Aの上、Dの下通してクロスさせる

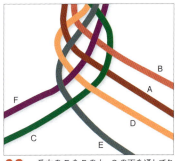

09 一番左のEをFの上、Cの下を通してクロスさせる

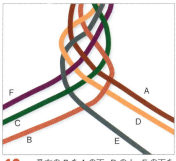

10 一番右のBをAの下、Dの上、Eの下を通して、クロスさせる

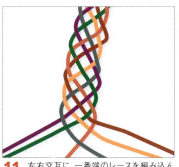

11 左右交互に、一番端のレースを編み込んでいく（09〜10のように）

平編み THONG BRAID

トリック編み
TRICK BRAID

別名マジック編みなどとも呼ばれる編み方で、先端が閉じていても3つ編みができる方法だ。主にベルトなどに使用されることが多い。

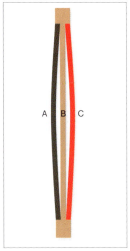

01 革に2本の切り込みを入れ、上下の先端は繋がった状態で編んでいく

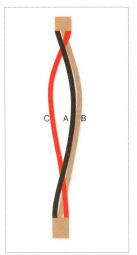

02 AとBの間にCを入れた状態にする。通常の3つ編みと同じように編んでいく

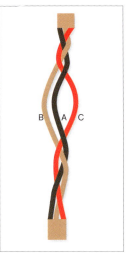

03 通常の3つ編みのようにして、3回編んだ状態

04 上の編んだ形を保ちながら○の部分を広げる

05 広げた部分に下の端を、表から裏に向かってくぐらせる

06 05でくぐらせた状態。次は○の部分を広げておく

07 下の端を、再び表から○の部分にくぐらせる

08 07でくぐらせると吟面が表になって、AとBが重なる

09 重なりが上にきた状態。再び3回編んで 04 ~ 08 を繰り返す

平編み THONG BRAID

ROUND BRAID OF FOUR THONGS

4本丸編み

ウォレットロープの定番である4本丸編み。ロープ以外にも
アイデア次第で様々な使い方ができるので、ぜひ覚えておきたい。

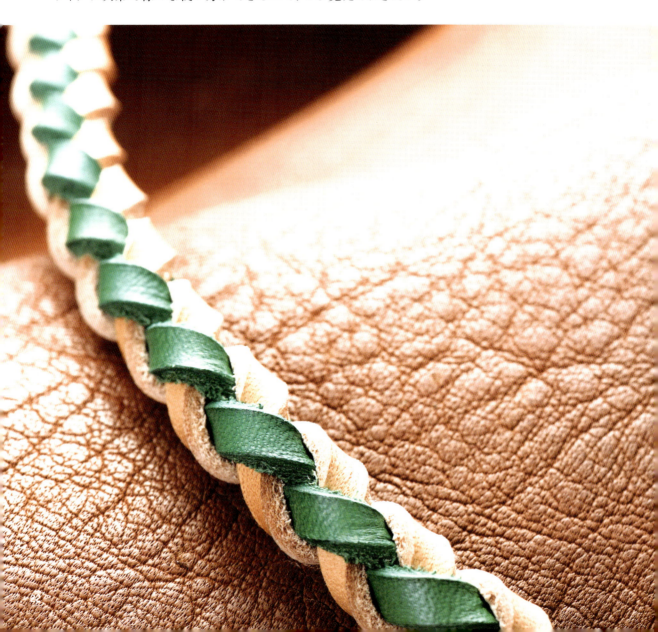

4本丸編み -1
ROUND BRAID OF FOUR THONGS 1

ウォレットロープなどで人気の4本丸編み。はじめの重ね方によって編み目模様が異なってくる。2色のレースを使用する場合は、好きな模様を選ぶと良い。

01 2本のレースをクロスさせた、このような状態でナスカンにセットする

02 左のヌメを左の緑の裏から右側に持ってくる。左1本、右3本の状態

03 右にあったヌメを表から左側に持ってくる

04 左右とも再び2本ずつになったら、左右に引っぱりながら編み目を詰める

05 続いて左の緑を、左のヌメの表から右側に持ってくる。左1本、右3本の状態

06 右側の一番端（緑）を右のヌメの裏から左に持ってくる

4本丸編み ROUND BRAID OF FOUR THONGS

07 左のヌメを左の緑の裏から右側に持ってくる

08 一番右のヌメを、右の緑の上から左に持ってくる。この後は05〜08を繰り返す

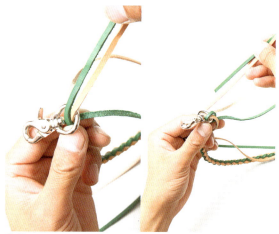

09 充分な長さまで編んだら、ナスカンの輪に緑とヌメのレースを1本ずつ一緒に差し込む

10 緑とヌメのレースがそれぞれをクロスするように差し込んだら、4本を同じ方向に束ねる

11 縫い糸などを折り曲げ、ロープと平行にして並べる

12 新しいレースの先端を10cm程余らせ、糸と平行に並べる

4本丸編み ROUND BRAID OF FOUR THONGS

13 下から上に向かってレースを巻いていく

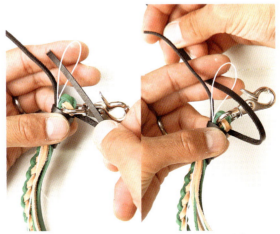

14 ナスカン部分までレースを巻いたら、糸の輪にレースを差し込む。レースは輪ができる程度に、先端を差し込むだけで良い

15 レースを引っ掛けた状態で、糸を下に引いていく

16 糸を引くと、レースの先端がロープとレースの間を通って下に抜ける。抜けたレースを引いて、巻いたレースをしっかりと締める

17 余分なレースをカットすれば、ウォレットロープの完成

4本丸編み ROUND BRAID OF FOUR THONGS

4本丸編み -2
ROUND BRAID OF FOUR THONGS 2

4本丸編みのもうひとつの模様は、スパイラル模様と呼ばれるパターンだ。はじまり方が異なるだけで、基本的な編み方は同じ。配色でイメージを大きく変えることができる。

01 2本のレースを平行に並べた状態でナスカンにセットする

02 緑、ヌメ共にそれぞれをクロスさせた状態にする。それを重ね合わせることで、左右に緑とヌメのレースが1本ずつとなる

03 左端の緑を表から右側に持ってくる

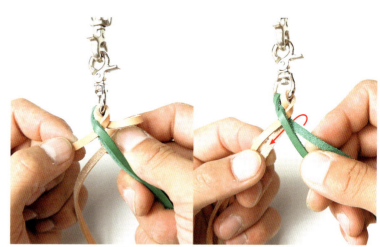

04 右端のヌメを裏から左側に持ってくる

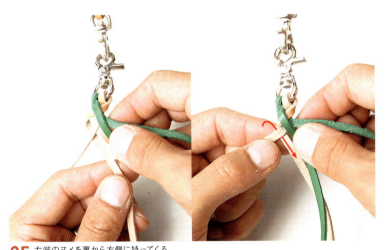

05 左端のヌメを裏から右側に持ってくる

06 右端の緑を表から左側に持ってくる

07 左端のヌメを表から右側に持ってくる

08 右側の緑を裏から左側に持ってくる

09 05〜08を繰り返して好みの長さまで編み込む

4本丸編み-2　ROUND BRAID OF FOUR THONGS 2

ROUND BRAID OF SIX THONGS
6本丸編み

少しワイルドなロープを作りたい時には、6本丸編みがお勧め。
迷わずに編むポイントは、裏と表を返しながら行なうことだ。

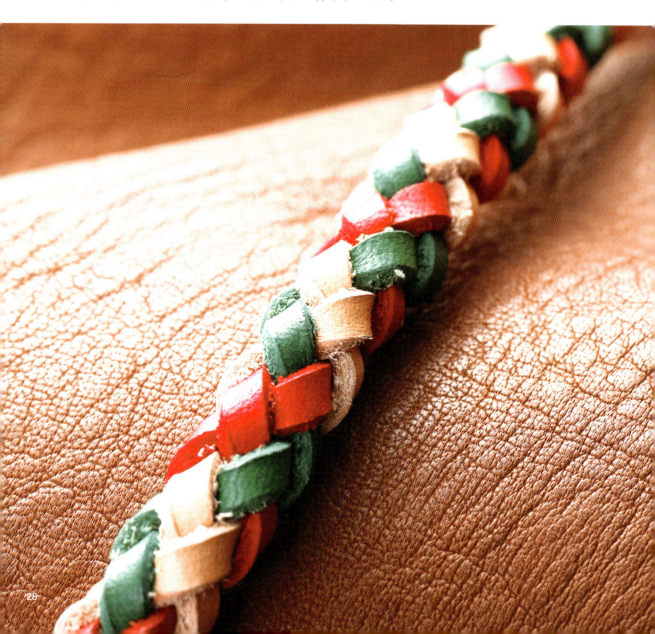

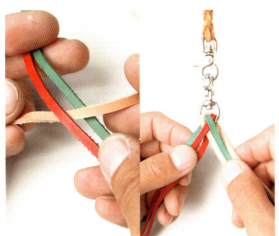

01 1本のレースを2本のレースで挟み、この部分をナスカンの折り返し部分にする。1本（緑）は左右に、あとの2本（赤とヌメ）は左右どちらかに折り返す

02 右端のヌメを緑の上、ヌメの下に通し、左側に持ってくる。左側が4本、右側が2本の状態

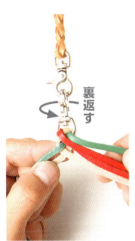

03 02の状態から裏返して左右を変える。左側が2本、右側が4本の状態になる

04 右端の緑を手前から左側に持ってくる

05 左端の緑を表から右側に持ってくる

06 05の状態から裏返して左右を変える。左が4本、右が2本の状態になる

6本丸編み ROUND BRAID OF SIX THONGS

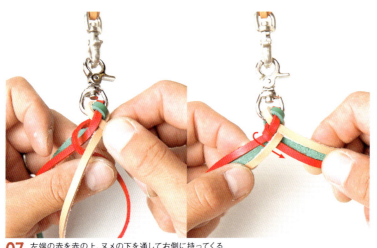

07 左端の赤を赤の上、ヌメの下を通して右側に持ってくる

08 07の状態から裏返して左右を変える

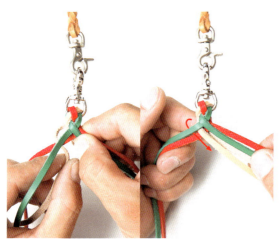

09 左端のヌメを緑の下、赤の上に通して右側に持ってくる

10 右端の赤を緑の上、ヌメの下を通して左側に持ってくる

11 10の状態から裏返して左右を変える

6本丸編み ROUND BRAID OF SIX THONGS

12 右端の緑を、赤の間に通して左側に持ってくる

13 左端の緑をヌメの上、緑の下に通して右側に持ってくる。07と同じ状態に戻った

14 08〜13を繰り返して充分な長さまで編み進めていく

15 14の状態にから裏返して左右を変える

16 左端のヌメを赤の間に通して右側に持ってくる

17 各色1本ずつの間に分かれ目ができる。ここにナスカンを挟む

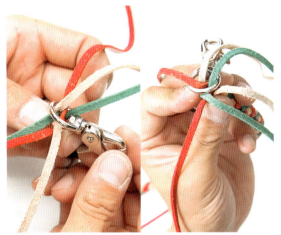

18 各色1本ずつをナスカンに通す

6本丸編み ROUND BRAID OF SIX THONGS

19 片側の3本を通したら反対側に寄せる

20 もう片方の3本をナスカンに通していく

21 3色のレースが、それぞれナスカンの輪でクロスするように通していく

22 レースをナスカンに通したら、左右に引っぱってナスカンとレースの隙間を詰める。写真のようにきれいに編み込むと完成度が高くなる

23 レースをひとつの方向に集める。レースの向きに合わせてきれいに始末する

6本丸編み ROUND BRAID OF SIX THONGS

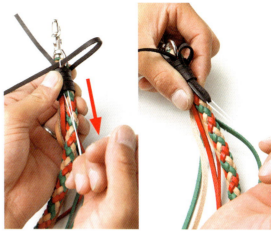

24 縫い糸などを折り、ロープと平行にして並べる。その上に縛るレースを並べる

25 糸と共にロープをレースで巻いていく

26 ナスカンまでレースを巻いたら、糸の輪にレースを差し込んで糸を引っぱる。糸を引くと、レースの先端が巻いたレースとロープの間から出てくる

27 上下に飛び出したレースをカットする

28 これで6本丸編みのウォレットロープが完成。4本丸編みのように、他にも異なる編み目模様を出すことができるので、挑戦してみよう

6本丸編み ROUND BRAID OF SIX THONGS

ROUND BRAID OF EIGHT THONGS
8本丸編み

人と少し差をつけたいなら、8本丸編みに挑戦してみよう。これも6本丸編みと同じように、裏表を返しながら編み込んでいく。

01 4色のレースをこのように重ね合わせ、各色が左右に分かれるようにセットする

02 まずは右端のヌメを表から左側に持ってくる

03 02の状態から裏返し、左右を変える。左が3本、右が5本の状態

04 右端の黒を表から左側に持ってくる

05 続いて左端の赤を表から右側に持ってくる。左が3本、右が5本の状態になる

06 05の状態から裏返し、左右を変える。左が5本、右が3本の状態となる

8本丸編み ROUND BRAID OF EIGHT THONGS

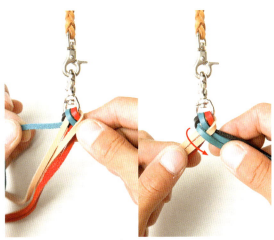

07 左端の青を表から右側に持ってくる

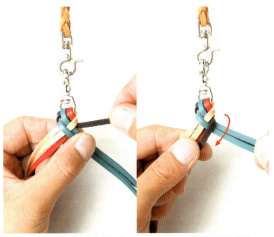

08 右端の黒を表から左側に持ってくる。左が5本、右が3本の状態

09 08の状態から裏返して左右を変える。左が3本、右が5本の状態となる

10 下の写真のように、一番端のレースがピッタリと重なるように編んでいくと、きれいに編み目を出せる

11 右端のヌメを表から左側に持ってくる

8本丸編み ROUND BRAID OF EIGHT THONGS

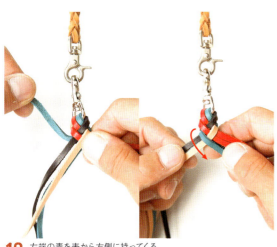

12 左端の青を表から右側に持ってくる

13 12の状態から裏返し、左右を変える。左が5本、右が3本の状態だ

14 13の後は07に戻り、充分な長さになるまで編み進む

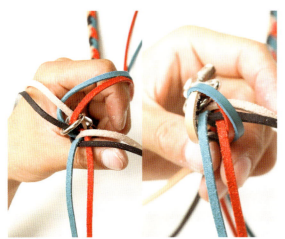

15 各色1本ずつに分け、その間にナスカンを入れる

16 もう一方の4本をナスカンに通し、クロスさせた状態にする

8本丸編み ROUND BRAID OF EIGHT THONGS

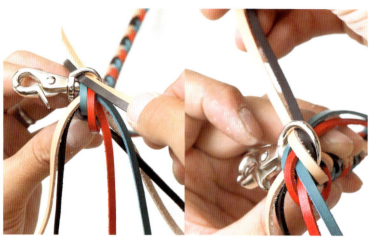

17 2本ずつ差し込んで互い違いになるようにする

18 レースの端を左右に引っぱり、ナスカンとレースの隙間を詰める

19 片側の4本をこのように編み込む

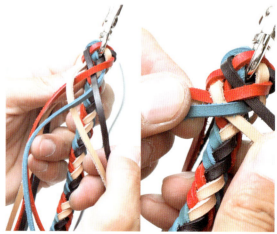

20 もう片側も同じように編み込む

8本丸編み ROUND BRAID OF EIGHT THONGS

21 8本のレースをひとつの方向にまとめ、縫い糸などを折り曲げて、ロープと平行に並べる

22 ここでは別のレースではなく、8本のうちの1本のレースを巻いて固定する

23 ナスカンまで巻いたら、糸の輪にレースの先端を差し込む

24 糸を下に引っぱり、巻いたレースの先端を引っぱり出す

25 レースの先端を適当な長さにカットしたら、8本丸編みのウォレットロープが完成

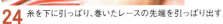

8本丸編み ROUND BRAID OF EIGHT THONGS

アイテム作例 1
ITEM SAMPLE 1

ここでは主に、丸編みを使ったグランドゼロのアイテムやオーダー品を紹介。ウォレットロープだけでなく、様々な用途に応用できる。

細い革ひもなどで編まれることが多い、平結びで作られたブレスレット

4本丸編みのチョーカー。リングの結び目や、首の後ろの部分が工夫されている

スタンダードな6本丸編みのウォレットロープ。終わりの結び目にひと工夫されて処理されている

カラフルなビーズとコンチョが光るキーフック。長めに残された4本丸編みのレースがポイント

平結びを使ったウォレットロープ。ヘンプの編み物などでもよく使われるが、レースを使うと個性的に仕上がる。全て吟面が見えるように編まれている点に注目

牛レースを4本丸編みして作られたチョーカー。玉結びやコンチョ、フェザーを加えることで、存在感を演出する

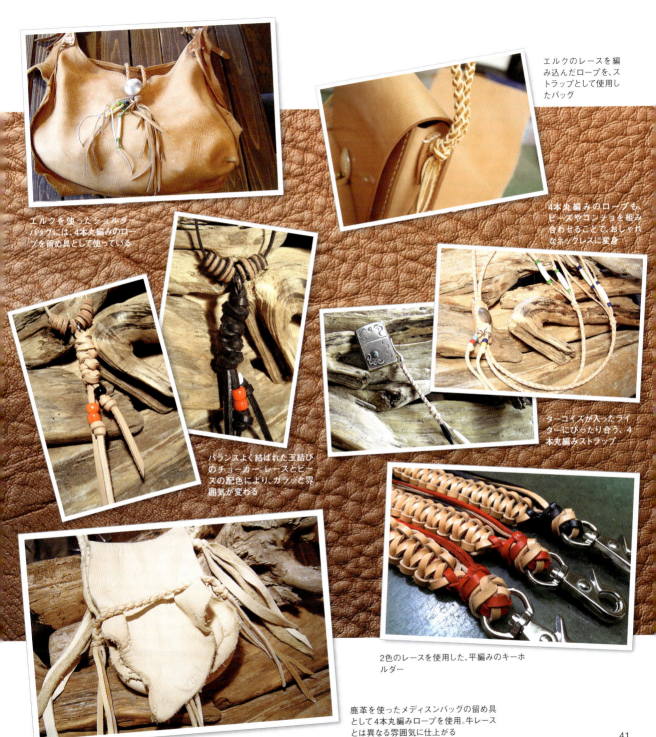

エルクを使ったショルダーバッグには、4本丸編みのロープを留め具として使っている

エルクのレースを編み込んだロープを、ストラップとして使用したバッグ

4本丸編みのロープも、ビーズやコンチョを組み合わせることで、おしゃれなネックレスに変身

バランスよく結ばれた玉結びのチョーカー。レースとビーズの配色により、ガラッと雰囲気が変わる

ターコイズが入ったライターにぴったり合う、4本丸編みストラップ

2色のレースを使用した、平編みのキーホルダー

鹿革を使ったメディスンバッグの留め具として4本丸編みロープを使用。牛レースとは異なる雰囲気に仕上がる

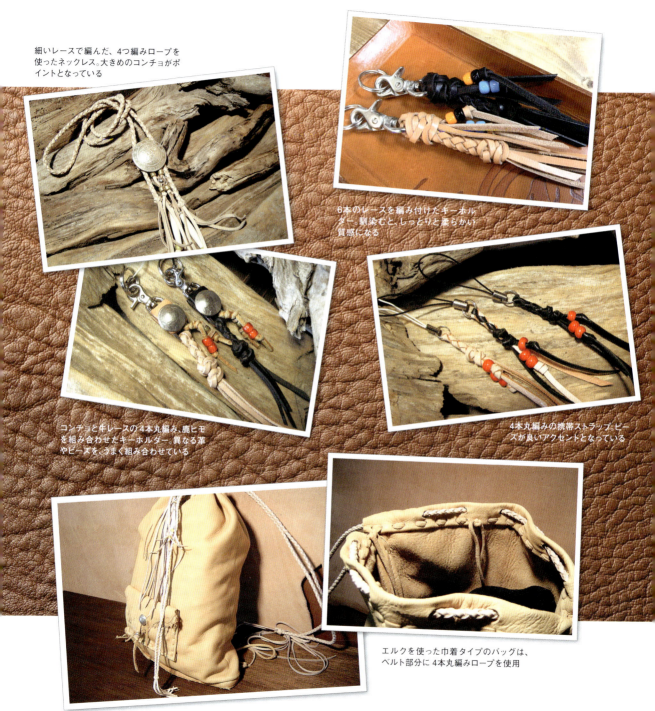

SINGLE LOOP LACING
シングルループかがり

1本のレースにクロスさせていくシングルループかがり。
はじまりも、終わりの処理も比較的簡単だ。

下準備

まずはレースをかがるための穴を革に空けていく。ここでは角の部分にレースを3回通すので、他の部分よりも幅広の穴を空ける。2回通す場合は幅広にしなくても良いだろう。

01 ここではグランドゼロのバングルを元に、かがりの方法を紹介していく。ディバイダーを4mm幅に合わせ、革の周りに線を引いていく。使用する革は3mm厚だ

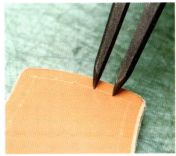

02 ディバイダーを5.5mm幅に合わせ、目打ちを打つ位置に印を付ける。狭い部分は5mm幅にするなどの調整をすると良い

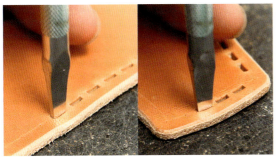

03 02で付けた印に合わせ、目打ちを打って穴を空けていく。角は残して、まずは直線部分に穴を空けていく。目打ちは3mm幅を使用

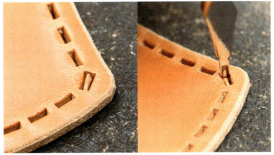

04 角は目打ちを上下に打ち、その左右を2mm幅の目打ちで打って長方形に穴を空ける。レースを2回通しにする場合は、直線と同じで良い

05 全て目打ちを打った状態。かがりの種類やカーブのきつさによって角部分の目の詰まりは変わる。緩いカーブの場合は、2回通しでも良いだろう。その後、ヘリを磨いておく

06 カンガルーレースの先端を斜めにカットする。シングルループの場合、レースはかがる距離の6倍程を用意する

シングルループかがり SINGLE LOOP LACING

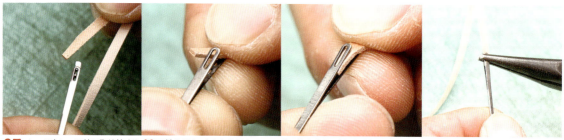

07 レースをレース針に取り付ける。06で斜めにカットした先端を、レース針に挟み込む。吟面を爪側に引っ掛け、ラジオペンチなどで挟み込んでしっかりと固定する。レース針はレースの一端にだけ取り付ける

始まり

レースと針の準備ができたら、いよいよかがりに入っていく。かがり始めは直線部分から行なうと、終わりもきれいに仕上げることができる。

01 かがりは直線部分から始めると良い。吟面側から針を通し、レースの終わりは10cm程余らせた状態にしておく。吟面を上に出してかがるため、針は床面側を上にして差し込む

02 01で余らせたレースに一巻きする

03 02の状態で、次の穴に針を差し込み、レースを引っぱる。余らせたレースに巻き付いた状態だ

シングルループかがり SINGLE LOOP LACING

04 03で差し込んだレースの下に針を通す。1本のレースに通すため、シングルループとなる

05 差し込んだ針を引っぱると写真のような状態になる

06 続いて次の穴に針を差し込む。03と同じ状態になる

シングルループかがり SINGLE LOOP LACING

07
06で通したレースの下から針を差し込む。あとは06と07を繰り返して進んでいくだけ

カーブ

カーブがきつい場合はかがる回数が少ないと、隙間ができて間延びしてしまう。ここでは同じ穴に針を3回通す。通す回数はアイテムの形によって調節すると良いだろう。

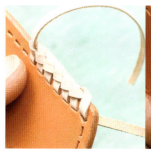

01
基本的には直線も角もかがり方は変わらない。まずは角の穴を1回かがる

02
続いて同じ穴にもう一度針を差し込んでかがる。徐々に目が進んでいくはずだ

POINT

03 3回目となると穴がきつくなる。その場合は、レースギリで穴を広げると良い

04 再び針を通す。針が通りにくい場合は、03のようにレースギリを使って穴を広げると良い

05 04で通したレースの下に針を通し、3回目のかがりが終了となる

06 角を3回かがったら、次の穴に針を通す

07 これまでと同じようにレースの下に針を通す。あとは06と07を繰り返して進んでいく。角を3回かがることで隙間ができず、角がしっかりと立った

シングルループかがり SINGLE LOOP LACING

終わり

最後に始末の方法を紹介する。ここでは、わかりやすいようにかがりはじめのレースを黒いレースにして行なっている。

01 最後の一目までかがったら、吟面側から一番始めに通したレースを引き抜く

02 01でレースを引き抜くと輪ができるので、その輪に上から針を通す

POINT

03 02でレースを通したら、指でかがり目を寄り合わせて目を詰める

04 続いて床面側からはじめのレースを引き抜く

05 04でレースを引き抜くと一番始めに通した穴が空く。この穴に針を通す

シングルループかがり SINGLE LOOP LACING

06 05で針を通すと、はじめと終わりのレースが床面側に出た状態になる。はじめにかがった3目分に針を通す

07 通したレースをしっかりと引っぱり、ハサミでカットする。はじめに余らせておいたレースの先端に針を付け替え、同じようにして終わりの3目分に針を通す

08 レースをカットしたらシングルループの始末は終了

シングルループかがり SINGLE LOOP LACING

ダブルループかがり

DOUBLE LOOP LACING

レースを2本くぐらせて作るダブルループかがり。
かがりの中では定番なので、必ず覚えておきたい技法だ。

始まり

ダブルループの場合はかがる距離の7〜8倍の長さのレースを用意する。
ただし、革の厚みによってもこの長さは変わってくる。ここでは3mm厚の革を使用。

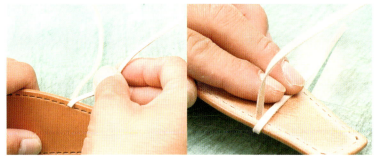

01 ひとつめの穴に針を差し込んだら、レースを引っぱって先端を10cm程余らせる

02 01で余らせたレースの先端を、床面側に倒して指で留めておく

03 02の状態のまま、次の穴に針を通し、レースを引っぱる。これでレースの先端とクロスした状態になる

04 03でできたレースがクロスしている部分に針を通して引っぱる。クロスした2本のレースに針を通すため、ダブルループとなる

ダブルループかがり DOUBLE LOOP LACING

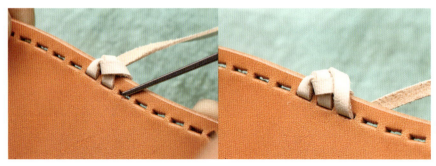

05 続いて次の穴に針を差し込み、レースを引っぱる

06 再び 05 でできたクロスしている部分の中心に、針を通して引っぱる。05 と 06 を繰り返して進んでいく

カーブ

ダブルループかがりの角は、シングルループと同じように同じ穴に 3 回通していく。
ダブルループなので、シングルループよりもボリュームが出る。

01 角の穴に針を通して引っぱる

ダブルループかがり DOUBLE LOOP LACING

02 直線部分と同じように、クロスしたレースの中心に針を通して引っぱる

03 再び角の穴に針を通して引っぱる

04 02と同じように、クロスしたレースの中心に針を通して引っぱる

ダブルループかがり DOUBLE LOOP LACING

POINT

05 3回目は針が通りにくくなるので、レースギリで穴を広げておく

06 レースギリで角の穴を広げたら、再び針を通してレースを引っぱる

07 レースがクロスしている部分に針を通す。これで角を3回かがったことになる

08 続いて次の穴に針を差し込み、これまでと同じようにダブルループでかがり進めていく

ダブルループかがり DOUBLE LOOP LACING

終わり

ダブルループの場合、シングルループよりも始末に少々手間がかかる。ひとつひとつ順を追って行ない、レースの抜く目の数を間違えないように気をつけること。

01 最後の目までかがったら、吟面側から一番始めに通したレースの先端を引き抜く

02 続いて床面側からレースを引き抜き、はじめのひと穴を空けた状態にする

03 再び吟面側からはじめのレースを引き抜く。これで輪ができた状態になる。この時点で 02 で空いた穴をひと穴かがっておく

04 かがりを進めたら、再び床面側からはじめのレースを引き抜く。引き抜いたレースを引っぱると、03 でできた輪が無くなる

ダブルループかがり **DOUBLE LOOP LACING**

05 04で引っぱって輪が無くなると、次の輪ができる。床面側で引っぱったレースを吟面側に持ってくる

06 床面側からレースを引き抜くと、穴が2つ空く

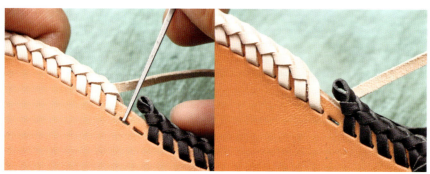

07 ひとつ目の穴に針を差し込んで、レースを引っぱる

08 続いて05でできた輪に、下から針を通してレースを引く

ダブルループかがり DOUBLE LOOP LACING

09 続いてこれまでのように、クロスしたレースの中心に針を通す

POINT

10 この時点で、かがり目を両側から指で詰めておくと良い

11 08で通した輪に今度は上から針を通し、最後の穴に通す。これでレースの両端が床面側に出た状態となる

12 終わりの先端ははじめのかがり目に、はじめの先端は終わりのかがり目にそれぞれ3目ぐらいずつ通す

13 レースの先端をカットしたら終わりの始末は終了

ダブルループかがり DOUBLE LOOP LACING

トリプルループかがり

TRIPLE LOOP LACING

トリプルループかがりは最もボリュームが出るかがり。
終わりの処理に手間がかかるので、ひとつひとつ順を追って行なおう。

始まり

トリプルループの始まりは、シングルやダブルと異なり、一目戻った穴にレースを通した状態で始める。レースはかがる距離の9から10倍を用意しておこう。

01 はじめの穴にレースを通し、10cmほど先端を余らせた状態にする。続いて進行方向とは逆の穴に針を通し、レースを引っぱる。余らせた先端は、進行方向と逆に傾け、レースがクロスするようにする

02 進行方向の次の穴にレースを通す。**01**でクロスしたレースの上にもう1本レースが重なる状態だ

03 クロスしたレースの下から針を差し込む。**01**でできたクロスと、**02**のレースの下を通るように差し込む。この3本にレースを通すため、トリプルループとなる

04 正しく針を通したら、レースを引っぱる

トリプルループかがり TRIPLE LOOP LACING

05 続いて次の穴に針を差し込み、レースを引っぱる

06 03と同じように、クロスしているレースの下に針を通して引っぱる。05と06を繰り返してかがり進んでいく

カーブ

トリプルループの場合、シングルやダブルよりもボリュームがあるため、角とその両端のひと穴に、2回ずつかがってボリュームを分散させる。

01 角の穴までかがったら、もう一度同じ穴に針を差し込む。2回であれば、穴を広げなくても通すことができる

02 針を通したらレースを引っぱる

トリプルループかがり TRIPLE LOOP LACING

03 これまでと同じように、クロスしている部分の下から針を通してレースを引っぱる

04 続いて角の穴に針を通してレースを引っぱる

05 クロスしているレースの下から針を差し込み、レースを通す

06 角の穴も2回かがる

07 角を2回かがったら、次の穴に進む。この穴も2回かがる

08 角とその前後の穴を2回ずつかがったら、次の目に進んでいく

トリプルループかがり TRIPLE LOOP LACING

終わり

トリプルループの終わりは、最も複雑になる。はじめにかがったレースを引き抜く回数が多くなるので、間違えないように順を追って進んでいこう。

01 最後の一目は、吟面側からレースを通した状態にしておく

02 はじめのレースの先端を吟面側から引き抜く。先端は2つ目の穴に差し込まれているレースだ

03 続いて床面側からレースを引き抜く。これではじめにレースを通した穴が空いた状態になる

04 続けて吟面側からレースを引き抜く。これで輪ができる

05 床面側からレースを引き抜く。これで穴が2つ空いた状態になる

トリプルループかがり TRIPLE LOOP LACING

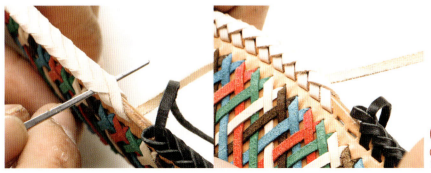

06 01で通した針を、クロスしているレースの下から差し込む

07 続いて次の穴にレースを差し込んで、トリプルループでかがり進める

POINT

08 この時点でかがり目を指で詰めておく

09 04でできた輪に、上から針を通す

トリプルループかがり TRIPLE LOOP LACING

10 続いて吟面側から次の穴に差し込む

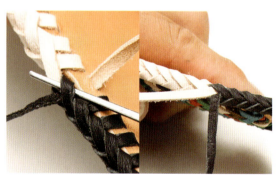

11 今度は床面側に出た針を下から輪に通す

12 吟面側に出た針を、クロスしているレースの下に通す

13 吟面側からはじめのレースを引き抜く

14 続いて床面側から引き抜き、もうひと穴空けた状態にする

トリプルループかがり TRIPLE LOOP LACING

15 13で引き抜いたレースが通っていた部分に針を通し、レースを引っぱる

16 14でできた穴に針を差し込むと、レースの両端が床面側に出た状態になる

17 シングルやダブルと同じように、裏のかがり目にレースを通してカットしたら終わりの始末は終了

POINT
ループの違い

18 ここで紹介している始末方法は最も基本的な方法だ。グランドゼロでは始末部分がわからないように工夫されている

シングル、ダブル、トリプルで、それぞれ異なった表情となる。好みやアイテムの雰囲気に合わせてループの数を決めると良いだろう

トリプルループかがり TRIPLE LOOP LACING

SPANISH LACING
スペインかがり

2枚の革を合わせてかがりたい時は、スペインかがりがお勧め。
継ぎ方も終わり方も簡単なので、ぜひチャレンジしてみよう。

始まり

スペインかがりは2枚の革を合わせる場合に便利なかがり方法だ。ここでは途中からの繋ぎ方も紹介する。12cmをかがるには、約120cmのレースが必要となる。

01 今回は穴のピッチは6mm、右のプレートの穴と穴の間隔は4mm幅にした

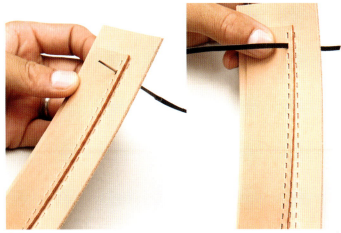

02 2枚の革を重ね、床面側から革を重ねた方の2つ目の穴に針を通す。レースを引っぱり、端を10cm程余らせておく

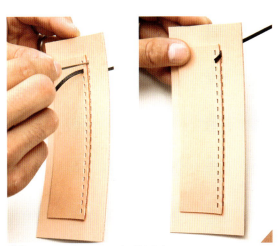

03 続いて下の革の1つ目の穴に針を通す

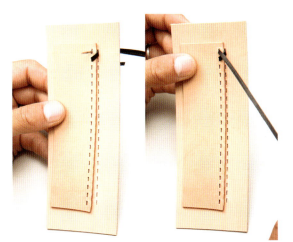

04 床面側から、革を重ねた方の1つ目の穴に針を通す

スペインかがり SPANISH LACING

05 下の革の2つ目の穴に針を通す

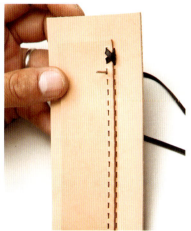

06 続いて床面側から重ねた革の3つ目の穴に針を通す

POINT

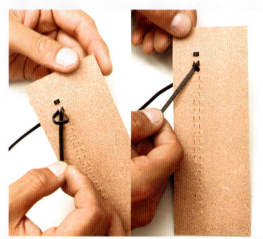

07 06で3つ目の穴に針を通したら、はじめに余らせておいたレースの端を中に入れた状態で引っぱる

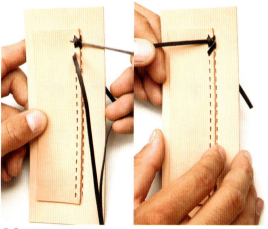

08 1つ目と2つ目の穴に通したレースがクロスした状態になっているので、その中央に針を通す

スペインかがり SPANISH LACING

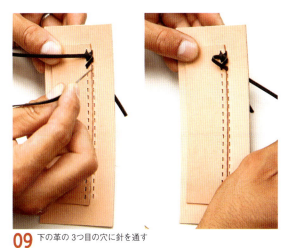

09 下の革の3つ目の穴に針を通す

10 レースの端を留めるように、床面側から重ねた革の4つ目の穴に針を通す

終わり

ここで一度終わりの始末方法を説明する。シングルやダブルステッチなどよりも見た目をきれいに始末することができる。

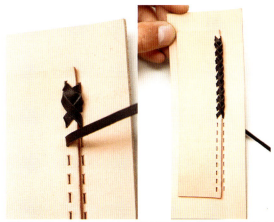

11 再びクロスしたレースの中央に針を通し、08〜10 を繰り返して進んでいく

01 終わり(床面側にレースが出た状態)までかがったら、床面側のかがり目に針を通す(5目分ぐらい)

スペインかがり SPANISH LACING

02 レースを引っぱり、再びかがり目に針を通して最初のかがり目までレースを通す。これで裏にレースが一直線に入った状態になる

繋ぎ方

スペインかがりは途中で継いでも、きれいにかがり目を出すことができるのがひとつの特徴だ。

03 余分なレースをカットする

01 床面側から1つ目の穴に針を通す

スペインかがり SPANISH LACING

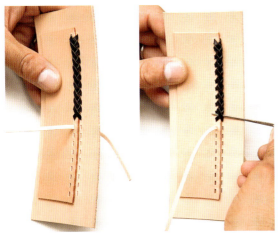

02 レースの終わりを10cm程残し、上のクロスしたレースに針を通す

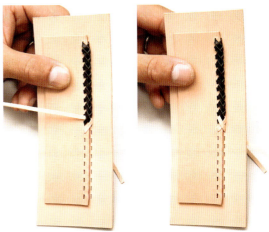

03 続いて下の革の1つ目の穴に針を通す

04 重ねた革の2つ目の穴に針を通し、余らせたレースを留めるようにする

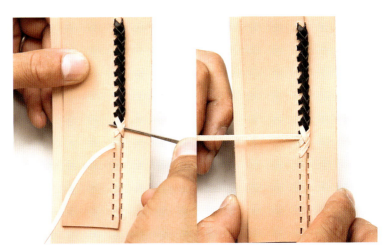

05 クロスしたレースの下に針を通す

スペインかがり SPANISH LACING

終わり

最後にもう一度始末の方法を紹介する。レースをカットする時は、かがり目ギリギリの所でカットするときれいに仕上げることができる。

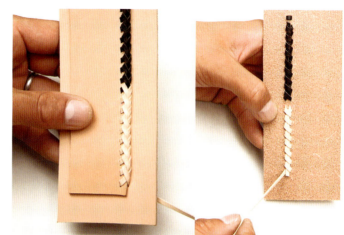

01 最後までかがり進み、レースを床面側に出した状態にする

06 下の革の3つ目の穴に針を通す。後は04〜06を繰り返して進んでいく

02 裏のかがり目に針を通し、レースを引っぱる

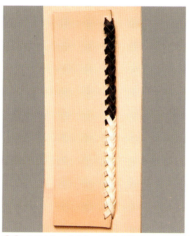

03 余分なレースをカットしたら終了。レースはかがり目ギリギリの位置でカットすると、見た目もきれいに仕上がる

スペインかがり SPANISH LACING

アイテム作例 2
ITEM SAMPLE 2

ここでは、かがりを使ったグランドゼロのアイテムやオーダー品を紹介。アイデア次第で雰囲気はガラッと変わる。

周りをかがり、ストラップに4本丸編みを使った、蛇革のライターケース

本体やかぶせをかがったメディスンバッグ。エキゾチックレザーを貼り合わせる場合、かがることでコバをきれいに処理できる

スペインかがりを施して作られた手帳。かがりの模様が、うまくデザインの一部となっている

本体、ベルト、固定ベルトの全てをかがりで仕上げている携帯ケース。本体とともに経年変化を楽しむことができる

シンプルなポシェットも、かがりを入れることで、デザイン性がアップする。開き具合も糸縫いより自由が効く

蛇革を使ったフリスクケース。かがりが蛇革の模様とマッチしている

ITEM SAMPLE 2

スティングレーを贅沢に使ったノートカバー。周りはトリプルループかがり、中央のつなぎ目はスペインかがり

かがりとエキゾチックレザーの組み合わせがバッチリのバングル。様々な革で試してみたい

バイクのシートもかがりをいれることで、ノスタルジックな雰囲気に仕上がる

黒のレースで周りをかがった札入れ。ファスナーの赤いテープがさりげないアクセントになっている

全周をかがりで仕上げたベストは、手間をかけた分、存在感も大きい

蛇革を織り交ぜたウォレットホルダー。かがりを入れることで、革のイメージを強めている

SQUARE BRAID & SPIRAL TWIST BRAID

スクエアブレード&
スパイラルツイストブレード

ここではちょっと変わった模様になる編み方を紹介する。オリジナリティ溢れるロープや携帯ストラップなどに活かしてみると良いだろう。

スクエアブレード
SQUARE BRAID

その名の通り四角形に編み込まれていくスクエアブレード。完成形を見ると複雑に編まれているように見えるが、編み方さえ覚えてしまえばとても簡単だ。

01 80〜90cmのレースを2本用意する。1本（黒）を縦に、もう1本（ヌメ）を横に並べて黒をN字にする

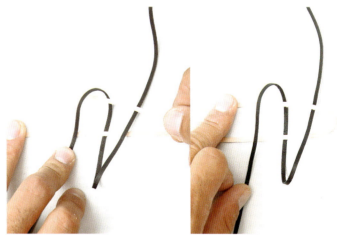

02 ヌメレースの右端を、N字の上の輪に差し込む

03 続いてヌメレースの左端をN字の下の輪に差し込む。これで2本のレースがN字で組まれたことになる

04 03の状態から中央に寄せて詰めていく。寄せる時にレースの長さが偏らないように気をつけること

スクエアブレード & スパイラルツイストブレード SQUARE BRAID & SPIRAL TWIST BRAID

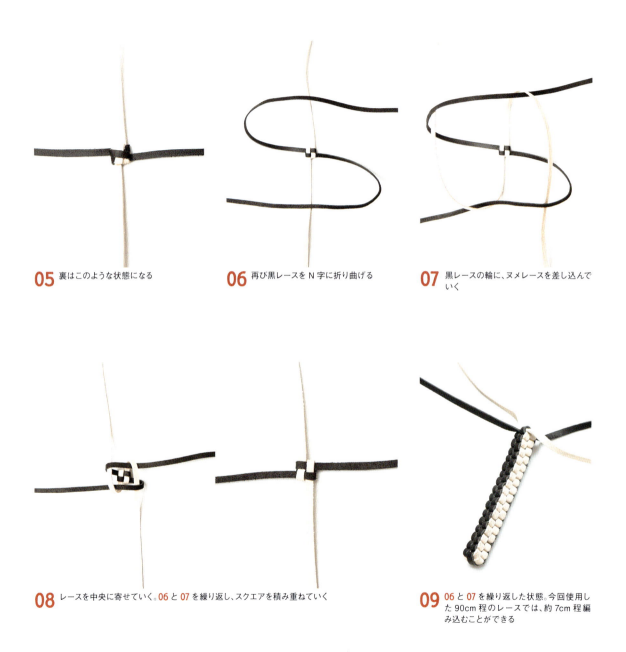

05 裏はこのような状態になる

06 再び黒レースをN字に折り曲げる

07 黒レースの輪に、ヌメレースを差し込んでいく

08 レースを中央に寄せていく。06と07を繰り返し、スクエアを積み重ねていく

09 06と07を繰り返した状態。今回使用した90cm程のレースでは、約7cm程編み込むことができる

スクエアブレード & スパイラルツイストブレード SQUARE BRAID & SPIRAL TWIST BRAID

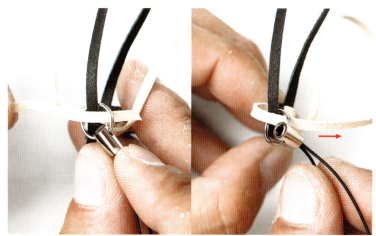

10 今回は携帯ストラップの金具を付ける。まずは黒レースを差し込む

11 続いてヌメレースを差し込む。レースが出ている反対側に倒すようにする

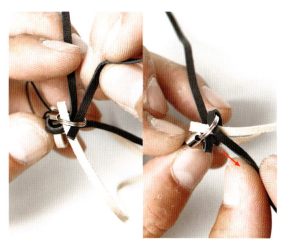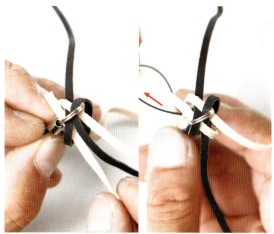

12 次に2本目の黒レースを差し込む。黒レースがクロスするようになる

13 最後に2本目のヌメレースを差し込む。これで黒レースとヌメレースが互い違いに編み込まれた

スクエアブレード & スパイラルツイストブレード SQUARE BRAID & SPIRAL TWIST BRAID

14 4本のレースを引っぱって、ストラップとレースの隙間を詰める

15 黒レースとヌメレースを1本ずつクロスさせ、反対の2本と合わせる

16 15でクロスさせた黒レースの先端を、ピンセットで編み目に差し込む

17 差し込んだ黒レースを引っぱる。これで反対側に黒レースが集まった

スクエアブレード & スパイラルツイストブレード SQUARE BRAID & SPIRAL TWIST BRAID

18 同じようにしてヌメレースも編み目に差し込んで、矢印の方向へと引っぱる

19 4本全てのレースが同じ方向に出た状態になる

20 4本のうちの1本を、他の3本に巻き付けて片結びをする

スクエアブレード & スパイラルツイストブレード SQUARE BRAID & SPIRAL TWIST BRAID

21 レースの先端を適度な長さのところでカットする。斜めにカットすると見た目が良くなる

22 これでスクエアブレードのストラップが完成。アイデア次第で、様々なアイテムに使うことができるだろう

スパイラルツイストブレード
SPIRAL TWIST BRAID

スクエアブレーディングと基本的には同じように編み込んでいくが、全く違った表情を作り出すことができる。ここでは牛レースを使用してキーホルダーを作る。

01 ナスカンの輪にヌメレースと黒レースを十字にして差し込み、黒レースをN字に折り曲げる

02 N字に折り曲げた黒レースの輪に、ヌメレースを差し込んでいく

スクエアブレード & スパイラルツイストブレード　SQUARE BRAID & SPIRAL TWIST BRAID

03 続いてもう一方のヌメレースも、黒レースの輪に差し込む

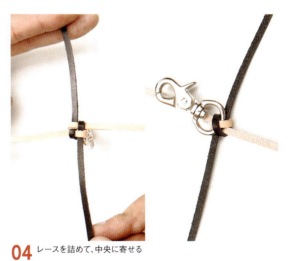

04 レースを詰めて、中央に寄せる

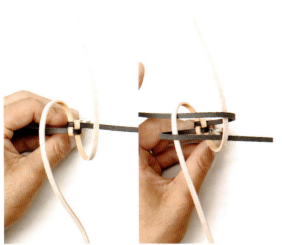

05 再び2本のレースをN字にして組んでいく

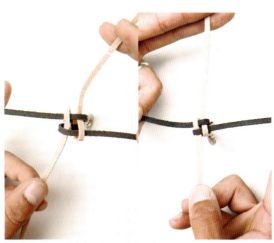

06 05 レースを中央に寄せて隙間を詰める。ここまではスクエアブレードと同じだ

スクエアブレード & スパイラルツイストブレード SQUARE BRAID & SPIRAL TWIST BRAID

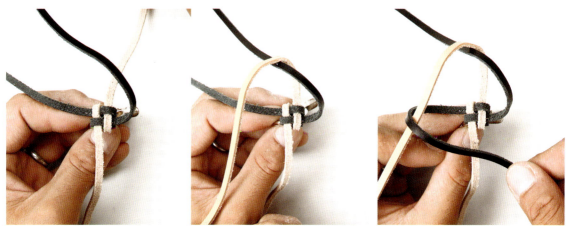

07 右の黒レースを、左の黒レースと上のヌメレースの間に持ってくる。次に上のヌメレースを左の黒レースと下のヌメレースの間に持ってくる。そして左の黒レースを、下の黒レースと右の黒レースの間に持ってくる

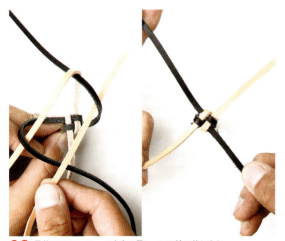

08 最後に下のヌメレースを右の黒レースの輪に差し込む

09 07と08を繰り返して、適度な長さまで編み込んだら、レースを差し込んだ状態にする

スクエアブレード & スパイラルツイストブレード SQUARE BRAID & SPIRAL TWIST BRAID

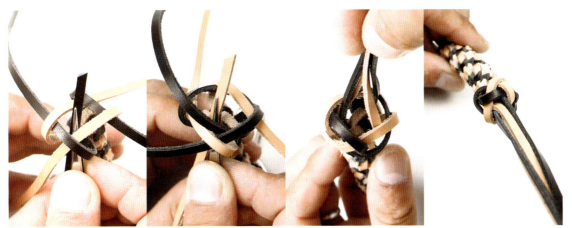

10 レースの先端を、中央の隙間に下から差し込む。黒レースはもう1本の黒レースに、ヌメレースはもう1本のヌメレースにかけてから差し込む。4本とも隙間に差し込んだら、引っぱって編み目を詰める

11 モデラの先端を使って、隙間を詰める。しっかりとレースの先端を引っぱって締め込んでおく

12 最後にレースの先端を適度な長さにカットすれば、スパイラルツイストブレードのキーホルダーが完成

スクエアブレード & スパイラルツイストブレード SQUARE BRAID & SPIRAL TWIST BRAID

APPLIQUE
アップリケ

穴を空けた革のプレートにレースを編み込んでいくアップリケ。
ここでは、ベルトなどの装飾にピッタリの3種類を紹介する。

穴の空け方

ここではアップリケを編み込むための穴を空けていく。使用するレースの厚みや幅、穴の大きさやピッチによってアップリケの表情はことなるため、色々と試してみよう。

01 アップリケを付けたい位置に、ディバイダーなどで中心線を引く

02 ディバイダーを10mm幅に合わせ、穴の位置に印を付ける

03 02で付けた印に合わせ、ビジョウ抜きで穴を空けていく

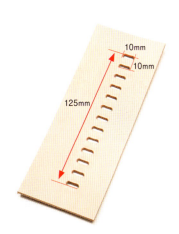

04 今回は10mmピッチで、10mm幅のビジョウ抜きを使用した。はじめから終わりまでの穴の距離は125mm

05 細い棒などにトコフィニッシュ（コバ処理剤）を塗り、ビジョウ抜きで空けた穴を磨く。右の写真のように、磨く前と後とでは大きな差が出る。レースの差し込みやすさも変わってくるので、丁寧に磨くと良い

アップリケ APPLIQUE

アップリケ 1
APPLIQUE 1

まずはじめは2本のレースを交互に編み込むアップリケを紹介する。前ページで紹介したプレート(12.5cm)の長さを編み込むには、約40cmのレースが必要となる。

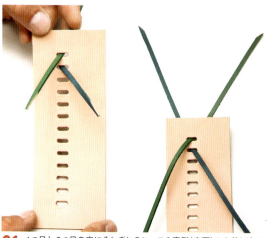

01 1つ目と2つ目の穴にそれぞれのレースを裏側（床面）から差し込み、後端は10cm程残した状態にしておく

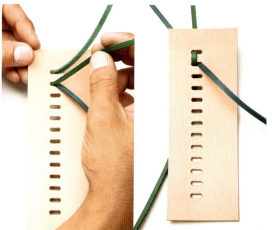

02 1つ目の穴に通した緑のレースを、吟面側から2つ目の穴に通す

03 続いて2つ目の穴に通した青のレースを3つ目の穴に通す

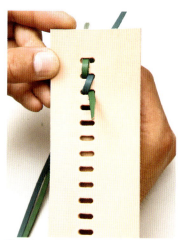

04 緑のレースを、床面側から3つ目の穴に通す

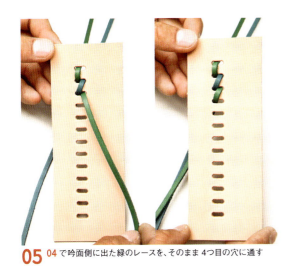

05 04で吟面側に出た緑のレースを、そのまま4つ目の穴に通す

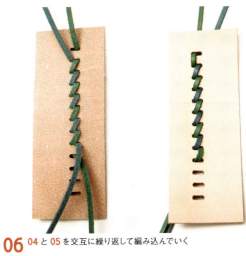

06 04と05を交互に繰り返して編み込んでいく

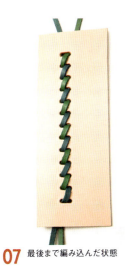

07 最後まで編み込んだ状態

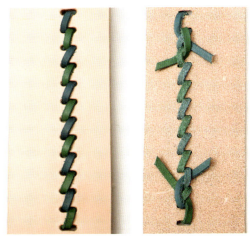

08 レースの先端は、床面側の編み目に差し込んで固定する

アップリケ APPLIQUE

アップリケ 2
APPLIQUE 2

ここで紹介するのは、革の表面に3つ編みが埋め込まれたようになるアップリケだ。
少々手間がかかるが、装飾としての効果は高い。レースは65〜70cm程使用する。

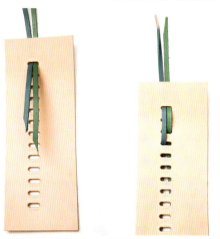

01 1つ目の穴に、床面側からレースを2本差し込み、1本は4つ目、もう1本は3つ目の穴に通す。レースの後端は10cm程残しておく

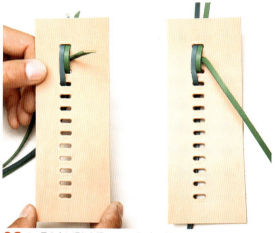

02 3つ目の穴に通した緑のレースを、床面側から2つ目の穴に出す

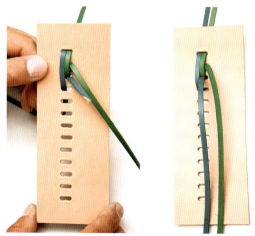

03 4つ目の穴に通した青のレースを、床面側から3つ目の穴に出す

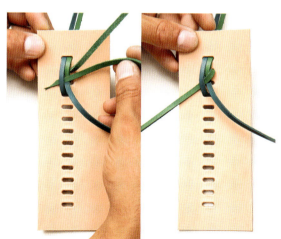

04 2つ目の穴から出ている緑のレースを、青のレースの間に差し込む

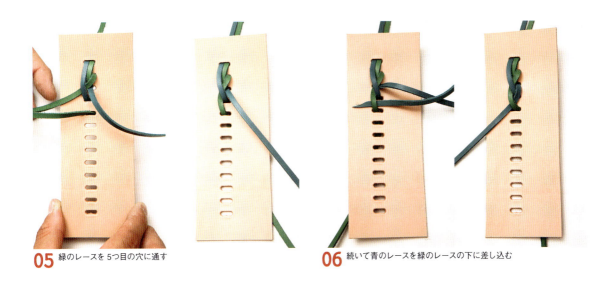

05 緑のレースを5つ目の穴に通す

06 続いて青のレースを緑のレースの下に差し込む

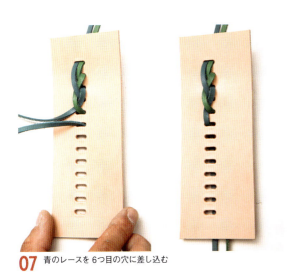

07 青のレースを6つ目の穴に差し込む

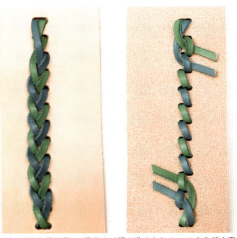

08 02〜07を繰り返して最後まで編み進めたら、レースの先端を裏の編み目に差し込んで固定する

アップリケ APPLIQUE

アップリケ 3
APPLIQUE 3

最後に紹介するアップリケは、4本丸編みが埋め込まれたような模様になる。このアップリケの場合、1本通してからもう1本のレースを編み込んでいく。

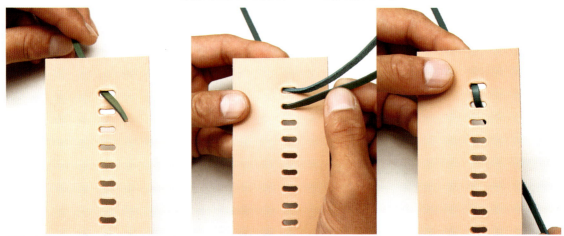

01 床面側から1つ目の穴にレースを通し、続けて2つ目の穴に通して床面側に出す

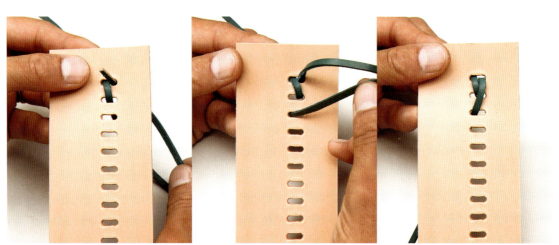

02 床面側から1つ目の穴にレースを通し、吟面側に出たら3つ目の穴に通す。2本目のレースを差し込むため、1本目のレースはあまりきつく編み込まないようにする

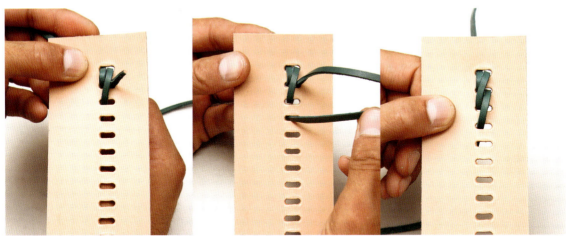

03 続いて床面側から2つ目の穴にレースを通し、吟面側に出たら4つ目の穴に通す

04 03と同じ要領で、最後まで編み進めていく

05 1本目を編み込んだら、2本目を差し込んでいく

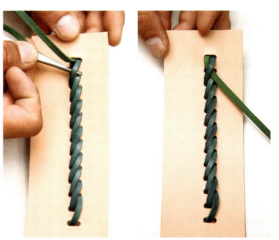

06 1本目のレースとクロスするように、青のレースの下に緑のレースを差し込む。ピンセットを使うと差し込みやすい

アップリケ APPLIQUE

07 緑のレースを3つ目の穴に差し込む

08 緑のレースを床面側から2つ目の穴に出す

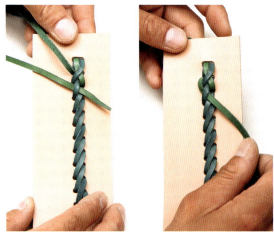

09 青のレースの下に緑のレースを差し込む

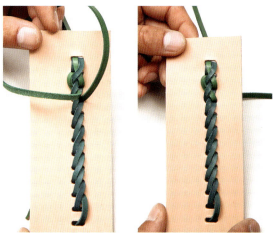

10 緑のレースを4つ目の穴に通す。この後は、床面側からひとつ上の穴に出す

アップリケ APPLIQUE

11 08〜10を繰り返し、編み進んでいく

12 最後まで編み進めた状態

13 レースの先端は、裏の編み目にクロスするように差し込んで固定する

アップリケ APPLIQUE

SLIT BRAID
スリットブレード

その名の通り差し込みを繰り返していく技法。
しかし、穴の長さや間隔によって、できあがる模様が全く異なる面白さがある。

スリットブレード1
SLIT BRAID 1

スリットブレードのひとつ目は、吟面を基準にして2つ穴側を谷折り、3つ穴側を山折りにして差し込んでいく。目をきれいに整えながら差し込んでいくと良い。

01 今回は、縦30cm、横2cmの革に写真のように穴を空けた。この技法の場合、折り曲げるので柔軟性のある薄めの革（1mm程度）が適しているだろう

02 まずは中央にリングを差し込み、穴と穴の間ぐらいで差し込む

03 2つ穴側の先を谷折りにする

04 03で谷折りにした先端を、3つ穴の一番手前に差し込む

スリットブレード SLIT BRAID

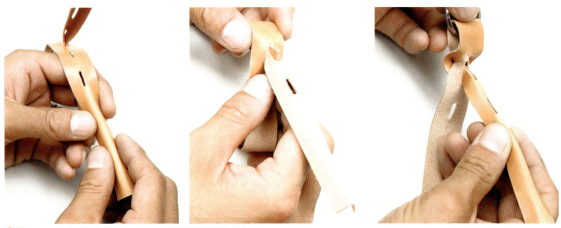

05 続いて3つ穴側の先端を山折りにし、2つ穴の手前側に差し込む

06 谷折りにした2つ穴側の先端を、3つ穴側の真ん中に通す

07 再び3つ穴側の先端を2つ穴側に通す

スリットブレード SLIT BRAID

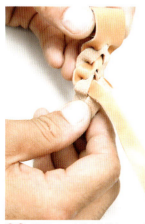

08 最後に2つ穴側の先端を、3つ穴側の最後の穴に通す

09 目を整えて、まっすぐに伸ばしたらキーホルダーの完成。ここでは穴が5つだが、革の長さと数を増やせば他の用途にも応用できるだろう

スリットブレード 2
SLIT BRAID 2

スリットブレードの2つ目は、スリットブレード1の折り方を逆にしただけ。しかし、1とは全く異なる模様が作り出されるので挑戦してみよう。

01 リングを通し、2つ穴側の先端を山折りにする

02 01で山折りにした2つ穴側の先端を、3つ穴の一番手前に通す

スリットブレード SLIT BRAID

03 続いて3つ穴側の先端を谷折りにする。その先端を2つ穴の一番手前に通して引っぱる

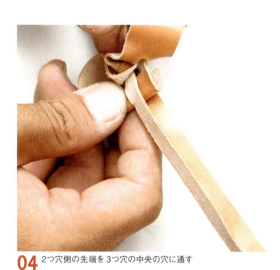

04 2つ穴側の先端を3つ穴の中央の穴に通す

05 この時点で模様がきれいに出ていない場合は、モデラの先端を使って、きれいに仕上げると良い

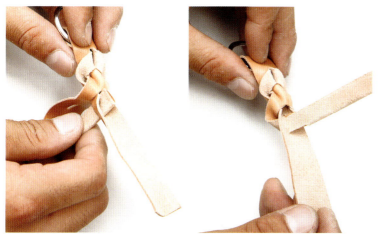

06 3つ穴側の先端を、2つ穴の最後の穴に差し込む

07 最後に2つ穴側の先端を、3つ穴の最後の穴に通す

08 これで2つ目のスリットブレードが完成。穴と穴との間隔や、使用する革によっても模様や雰囲気が変わってくるので、様々な模様に挑戦してみよう

09 右が1で左が2。並べてみると模様の違いがよくわかる

スリットブレード SLIT BRAID

APPLIQUE OF THONG BRAID
平編みアップリケ

革に平編みでレースを編み込んでいくアップリケ。
ここでは3mmのレースで、3本と5本の編み方を紹介していく。

3本平編みアップリケ
APPLIQUE OF THREE THONGS BRAID

3本のレースを使用して、革のプレートに編み込んでいく。編み込み方や穴の位置をアレンジすれば、何通りもの模様を作り出すことができるので、チャレンジしてみよう。

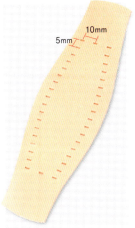

01 縦方向の穴同士は5mm間隔、横方向の穴同士は中心間で10mm間隔となる

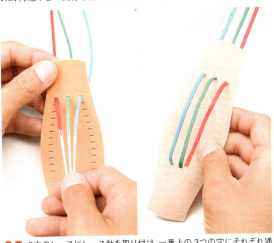

02 3本のレースにレース針を取り付け、一番上の3つの穴にそれぞれ通す。後端は10cm程余らせておく

03 まずは左端の赤を、右の上から3つ目の穴に差し込む

04 中央の緑を、赤の上から左の3つ目の穴に差し込む。そして、右の青を、赤の下から左の4つ目に差し込む

05 04で左の3つ目に通した緑を、床面側から2つ目の穴に出す。吟面側に出したら、緑の上、青の下に通して右の4つ目の穴に差し込む

平編みアップリケ APPLIQUE OF THONG BRAID

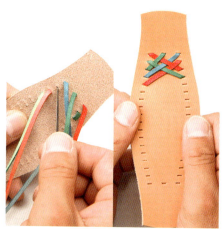

06 続いて赤を床面側から一つ上（2つ目）の穴に差し込み、吟面側に出たら緑の下を通して左の5つ目の穴に差し込む

07 次に青を一つ上（3つ目）の穴に差し込み、吟面側に出たら赤の下を通して右の5つ目の穴に差し込む

08 緑、赤、青の順番で編み進めていく

09 最後まで、上下関係を間違えないように気をつけること。裏側は縦に編み目がつくだけとなる

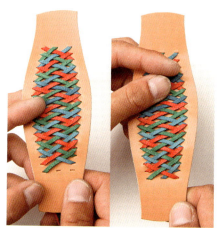

10 最後はレースの先端が裏に出るようになる

半編みアップリケ APPLIQUE OF THONG BRAID

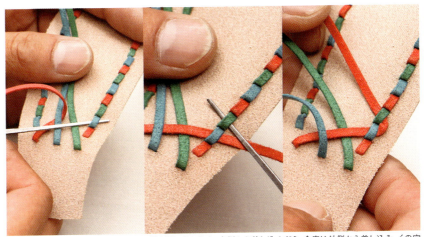

11 レースの先端は床面側の編み目に差し込んで留める

12 レースの自然な角度に合わせて、編み目に差し込む。内側から差し込んだら、今度は外側から差し込み、くの字にする

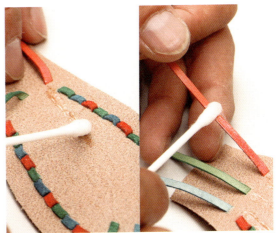

13 青と緑は逆側の編み目に差し込んで留める。もう片側は差し込まずに留める

14 レースを置いて、のりしろの位置に印を付ける

15 14で付けた印に合わせて、接着剤を塗る。レースの裏側にも接着剤を塗る

平編みアップリケ APPLIQUE OF THONG BRAID

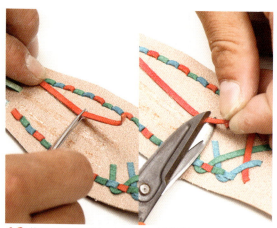

16 接着剤が半乾きになったら、レースを貼り合わせる。長すぎる場合はカットする。仕上げの方法は好みで選ぶと良いだろう

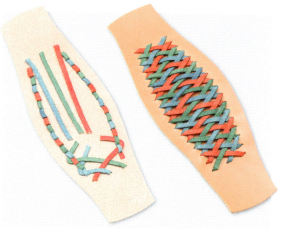

17 これで3本平編みのアップリケが完成。レースの下にアンコを入れると立体感が増す。また、床面側を2枚革にして編み目を隠しても良い

5本平編みアップリケ
APPLIQUE OF FIVE THONGS BRAID

5本のレースを使って、革のプレートに編み込んでいく。3本編みよりも手間がかかるが、よりゴージャスな雰囲気のアップリケに仕上げることができる。

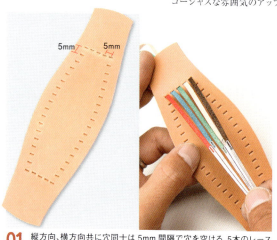

01 縦方向、横方向共に穴同士は5mm間隔で穴を空ける。5本のレースにレース針を付け、一番上の5つの穴にそれぞれ差し込む

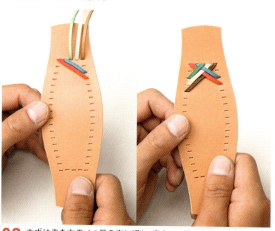

02 まずは赤を右の4つ目の穴に通し、青を3つ目の穴に通す。そして、緑を左の3つ目、ヌメを青の下に通して4つ目の穴に、茶を青と赤の下に通して5つ目の穴に通す

平編みアップリケ APPLIQUE OF THONG BRAID

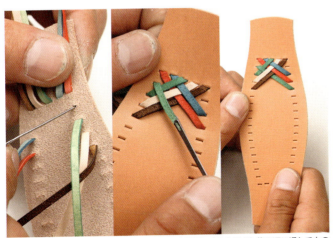

03 次に緑を床面側から一つ上の穴に通し、吟面側に出たらヌメと茶の下に通して右の5つ目の穴に差し込む

04 青を床面側から一つ上の穴に通し、吟面側に出たら赤と緑の下に通して左の6つ目の穴に差し込む

05 続いてヌメ、赤、茶色の順番で、レースを編み込んでいく。一つ上の穴に通して吟面側に出したら、2本のレースの下を通して反対側の穴に通すのを繰り返してく

06 03〜05を繰り返して、編み進めていく

半編みアップリケ APPLIQUE OF THONG BRAID

07 最後のひと編みまで進んだ状態。緑を左端に、青を右端に差し込み、左から2つ目がヌメ真ん中が茶、右から2つ目が赤になるように差し込む

08 3本平編みと同じように、クロスさせて裏の編み目に差し込んで固定する

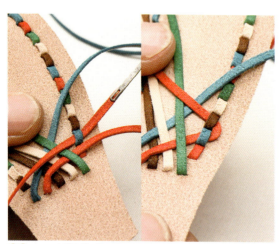
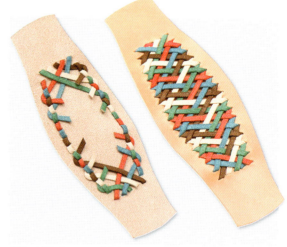

09 レースを裏の編み目に通して固定する。厚みが出ないように折り曲げてくの字にする

10 上下ともレースの先端を処理したら、余った部分はカットする。これで5本平編みアップリケは完成となる

平編みアップリケ APPLIQUE OF THONG BRAID

ITEM SAMPLE 3

レースとベルトとの間にアンコを入れることで、立体感が増しているベルト

袋状のキーホルダーには、レイアウトが特徴的な、5本平編みアップリケが施される

同じアップリケでも、カンガルーレースと牛レースとでは、雰囲気が全く異なる

アップリケは、レースを通す穴位置を変えることで、異なる模様を表現することができる

平編みのアップリケは、ベルトの装飾にピッタリ。シンプルに同系色を使っても、アクセントに他の色を使っても良いだろう

鹿革のメディスンバッグに、アップリケで装飾している。マチにもアップリケが施されている

ウォレットの模様として、レースが編み込まれている。赤い模様も良いアクセントになっている

HOW TO MAKE ITEMS
アイテム製作

技法をマスターしたら、実際にアイテム製作に活かしてみよう。
本書初登場のかがり方で作るコインケース等、3作品を製作する。

警　告 CAUTION

■この本は、習熟者の知識や作業、技術をもとに、編集時に読者に役立つと判断した内容を記事として再編成し掲載しています。そのため、あらゆる人が作業を成功させることを保証するものではありません。よって、出版する当社スタジオタック クリエイティブ、及び取材先各社では作業の結果や安全性を一切保証できません。作業により、物的損害や傷害の可能性があります。その作業上において発生した物的損害や傷害について、当社では一切の責任を負いかねます。全ての作業におけるリスクは、作業を行なうご本人に負っていただくことになりますので、充分にご注意ください。
■使用するものに改変を加えたり、使用説明書等と異なる使い方をした場合には不具合が生じ、事故等の原因になることも考えられます。メーカーが推奨していない使用方法を行なった場合、保証やPL法の対象外になります。
■本書は 2010年 7月 26日までの情報で編集されたものに、新たな情報を追加したものです。そのため、本書で掲載している商品やサービスの名称、仕様、価格などは、製造メーカーや小売店などにより、予告なく変更される可能性がありますので、充分にご注意ください。
■写真や内容が一部実物と異なる場合があります。
■本書に掲載されている型紙や図案は取材先のオリジナルデザインです。使用する場合は個人の利用に限ってください。

COIN CASE
コインケース

メキシカンバスケットウィーブというかがりの技法で、コインケースを製作する。
とても丈夫でボリューム感も出せる、覚えておきたいかがり方だ。

　定番アイテムのコインケースも、かがり方が違えば見た目の印象が大きく変わってくる。メキシカンバスケットウィーブは、トリプルループかがりよりもさらに密につながっているため、耐久性が高くボリュームも出る。手順が複雑なので最初は慎重に進める必要があるが、途中からは繰り返しで進めていける。

型 紙

この図は200%に拡大すると、ほぼ原寸大になる。ただし、使用する革の厚みや質によって調整が必要な場合もある。ここで使用しているのは2mm厚の革。

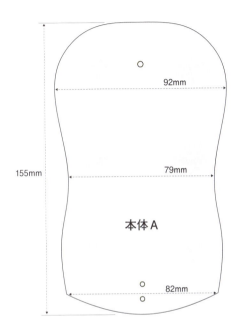

本体A
155mm / 92mm / 79mm / 82mm

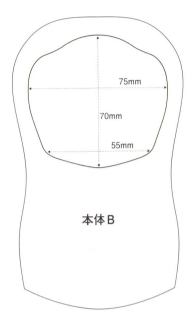

本体B
75mm / 70mm / 55mm

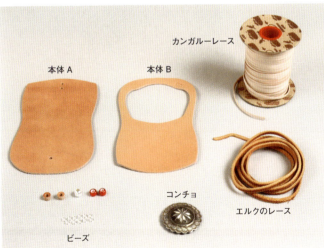

本体A　本体B　カンガルーレース　コンチョ　エルクのレース　ビーズ

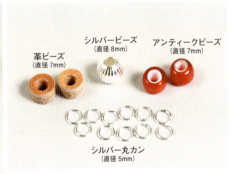

革ビーズ（直径7mm）　シルバービーズ（直径8mm）　アンティークビーズ（直径7mm）　シルバー丸カン（直径5mm）

本体は2mm厚のグランドゼロオリジナルレザーを使用。かがりにはカンガルーレース、留め用のレースはエルクを使用する。存在感のある大きめのコンチョ（直径39mm）と、複数種のビーズで装飾を加える

コインケース COIN CASE

本体の組み立て

まずは本体Aと本体Bを貼り合わせ、かがり用の穴を空けていく。
穴の間隔は仕上がりに影響するので、ディバイダー等を使い等間隔で空けよう。

01 型紙を参考に、3mmのハトメ抜きで3ヵ所に穴を空ける

02 本体Bの穴のヘリをヘリ落としで落とし、トコフィニッシュを塗る

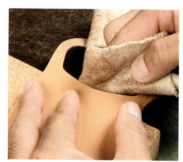

03 ヘリを落とした箇所を、布で磨いてさらに整える

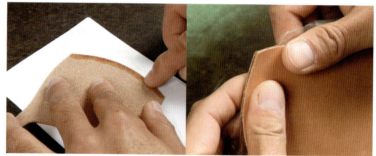

04 本体Aと本体Bの外周の縁にゴムのりなどの接着剤を塗り、貼り合わせる

POINT

05 本体の間にビニール等を挟んで端から貼っていくと、失敗を防ぐことができる

06 全体の縁を貼り合わせたら、両手でしっかりと押さえてからプライヤーやヤットコなどで挟んで圧着する

コインケース COIN CASE

07 革包丁で革の余分を切って、コバを揃える。さらに、合わせたコバを削ってなだらかにし、ヘリ落としでヘリを落とす

08 貼り合わせたコバの全側面にトコフィニッシュを塗り、布で磨いて整える

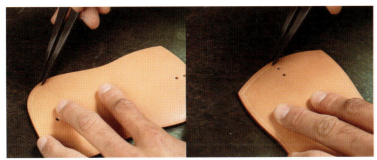

09 ディバイダーを4mmにセットし、本体の端から4mmの位置にラインを引く

10 ディバイダーを5.5〜6mm幅にセットし、ライン上に均等にかがり穴の印を付ける

コインケース COIN CASE

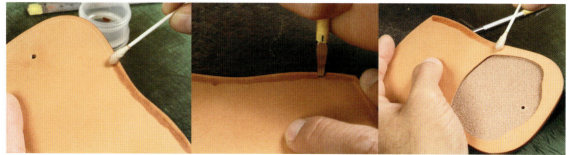

11 綿棒に水を付け 09 でラインを引いた部分を湿らせることで、革を柔らかくして印を付けやすく、裂けにくくする。その後、3mm 幅の平目打ちをあてて印を付けて(穴と穴のピッチは 5.5〜6mm 空ける)から、裏側も綿棒で湿らせる

POINT

12 工具には左右のどちらかに傾くクセがあるため、常に正しい向きで使えるように、写真のように印を付けておくと良い

13 印に平目打ちを当て、木槌で叩いて穴を空ける

14 カンガルーレースを、本体の外周 9〜9.5 周分測って切る

15 切ったカンガルーレースの先端を革包丁で斜めに漉いてから、縦向きでも斜めに切る

コインケース COIN CASE

かがり

メキシカンバスケットウィーブのかがり方で、本体の外周をかがっていく。
本体Aの方を「裏側」、本体Bの方を「表側」とする。

01 斜めにカットした先端を、レース針に取り付ける。レースの吟面を爪側に引っ掛け、ペンチで挟み込んでしっかりと固定する

POINT

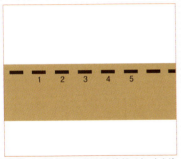

02 かがり始める場所(直線部が良い)を決め、このように番号を当てはめる

03 裏側の穴から箸等の棒を突き刺し、左の写真のように接着面を割る(02で決めた番号の、3番と4番の間から出るように位置を調整する)

04 割った接着面にレース針を通し、裏側から引っ張って出す。余りのレースは、右写真の長さくらい残しておく

コインケース COIN CASE

05 04で裏側に引っ張ったレースを表側に回し、1番の穴に通して裏側から引っ張る

06 再びレースを表側に回し、2つまたいで4番の穴に通す（左写真）。通したら、裏側から引っ張る

07 レースを表側に回して、2番の穴に通す

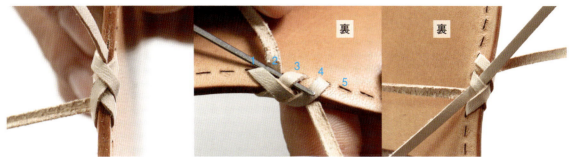

08 裏側で07で通したレースをすぐ先にあるレースの下を潜らせ（中央写真）、レースを引っ張る

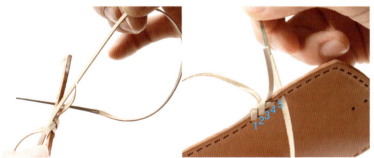

09 レースを表側に回し、5番の穴に通して止めておく

10 04で余らせていたレースを、際のところでカットする

11 09で通したレースを裏側で引っ張って表側に回し、先端から2つ目のレースの下を潜らす（左写真）。潜らせたレースのすぐ手前にある穴（ここでは3番）に通す

コインケース COIN CASE

12 裏側で09で通したレースをすぐ先にあるレースの下を潜らせて引っ張る

13 レースを表側に回して、5番の1つ先の穴に通す

POINT

14 以降は 11 〜 13 を繰り返して進めていく(表側に回して先端から2つ目のレースの下を通し、すぐ手前の穴に通す。裏側ですぐ先にあるレースの下を潜らせて表側に回し、1つ先の穴へ進む)

15 1つの穴に繰り返し通すため、狭くて通しづらい場合はレースギリを使って広げる

16 1つの穴に複数回通すメキシカンバスケットウィーブでは、カーブも直線部と同様の方法で進める(例外もある)

コインケース COIN CASE

17 写真は最後の穴(02で決めた1番の、1つ手前にある穴)に、一度レースを通した状態。ここまで進めたら、以降の手順でかがりを終わらせる

18 レースを表側に回して、最後に通した穴の1つ手前にあるレースの下を潜らせ、潜らせたレースのすぐ手前にある穴に通す

19 裏側でレースを引っ張り、通した穴のすぐ手前にあるレースの下を潜らせて(中央写真)、引っ張る

コインケース COIN CASE

18で通した穴

20 レースを表側に回して、**18**で通した穴から2つまたいだレースの下を潜らせ（左写真）、潜らせたレースの真下にある穴(P.119の **02** に示した2番の穴)に通す

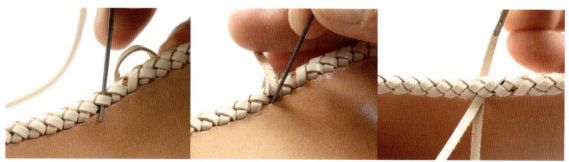

21 レースを表側に回し、今度は手前に2つまたいだレースの下を潜らせ（左写真）、その真下にある穴に通す

22 裏側でレースを引っ張り、すぐ手前にあるレースの下を潜らせて引っ張る

コインケース COIN CASE

23 表側に回し、進行方向に2つまたいでレースの下を潜らせ、潜らせたレースの真下にある穴に通す。この時、裏側に突き抜けないように注意する

24 23で通した針を、2枚の革の間から出す(左写真)。ペンチを使い、裏側の穴から針を引っ張り出す

25 レースを針から外し、余ったレースをハサミで切る。レースギリでレースを整えれば(中央写真)、メキシカンバスケットウィーブでのかがり作業は完了

コインケース COIN CASE

レースの取り付け

最後に、コインケースを留めるためのひもとコンチョを取り付ける。
ひもにはエルクのレースを使い、優しい風合いに仕上げる。

01 エルクレースの先端を斜めに切り落とす

02 切り落としたエルクレースの先端に、トコフィニッシュを塗る(硬くなり通しやすくなる)

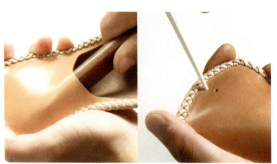

03 裏側のポケットから太めの棒を入れ、本体を膨らませる。ひもを通す穴には箸等の細めの棒を入れて動かし、穴を広げる

04 切り落としたエルクレースの先端を、表側から穴に通す。通したエルクレースを裏側からペンチでつまみ、引っ張り出す

05 引っ張り出したエルクレースの先端をつまんだまま、革と革の間からもう一方の穴に通す

06 05で通したエルクレースを表側から手で引っ張り、2本のレースのバランスを調整してから根元で結ぶ

コインケース COIN CASE

07 コンチョを付けるための穴を、03と同様の方法で広げ、コンチョの留め具を裏側から付ける

08 ネジの弛み止め剤（無ければ「Gクリア」等の接着剤で代用）を、コンチョの裏側にある穴に入れ、表側からコンチョを取りつける

09 裏側からコンチョの留め具を回して、コンチョを固定する。コインケースに通したエルクレースの01で切った方とは反対側の先端を斜めにカットし、ビーズを取りつける

10 2本のエルクレースにそれぞれビーズを取りつけたら、エルクレースの先端に近い方を結ぶ。エルクレースの先端を、適度な長さのところで斜めにカットする

11 これで完成。ケースを2つ折りにして、エルクレースをコンチョに掛けて留める

コインケース COIN CASE

LIGHTER CASE
ライターケース

100円ライターを、オリジナリティ溢れる豪華なライターに変えるライターケース。平編みアップリケの練習にピッタリだ。

安くて気軽に使える100円ライター。最近ではどこでも手に入れることができて便利だ。ここではそのライターに被せるケースを製作していく。本体には、P104から紹介している3本平編みアップリケを施してオリジナリティを演出する。また、ストラップは4本丸編みで作り、レースの先端にはビーズを取り付ける。何の変哲もない100円ライターも、このケースに入れることでグッと存在感を増したアイテムになるのだ。

型 紙

この図は原寸大となる。ただし、使用する革の厚みや質によって調整が必要な場合もある。

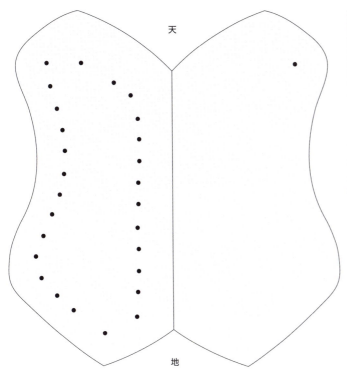

アップリケにはカンガルーレース（60cm × 6本）、ストラップには牛レース（4.0mm 幅・60cm × 2本）を使用。本体は 2mm 厚のグランドゼロオリジナルレザーを使用している

平編みアップリケ

まずは本体に3本の平編みアップリケを施していく。目打ちを打つ位置は、上の型紙を参照しても、自分なりにデザインしてみても良いだろう。

01
上の型紙を参照して、本体の吟面に目打ちを打つ位置を印付けていく

02 01で付けた印に合わせ、目打ちを打って穴を空けていく。上下にある頂点の穴は、01で付けた印が中心に来るように空ける

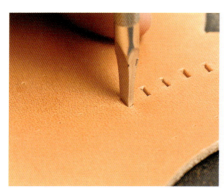 

03 続いて左右の穴を空けていく。左右の穴は、01で付けた印と目打ちの外側の端を合わせて打つ。つまり印より内側に穴が来るようにする

04 ライターを差し込む口と、下の隙間部分のみヘリ落としでヘリを落とす

05 ヘリを落としたら、トコフィニッシュを塗って布などで磨く。コバの処理は様々な方法があるので、好みの方法で磨くと良い

ライターケース LIGHTER CASE

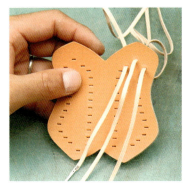

06
3本平編みアップリケを施していく。まずは上の3つの穴にレースを通し、後端を10cm程残す

07
右端のレースを左の4つ目の穴に通す

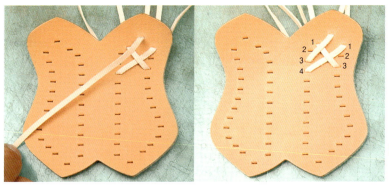

08
次に左のレースを右の3つ目の穴に通し、中央のレースを左の3つ目の穴に通す

09
中央のレースを床面側から2つ目（ひとつ上）の穴に通して吟面側に出し、右の4つ目の穴に差し込む。同じように左と右のレースも編み込んでいく

ライターケース LIGHTER CASE

10 最後まで編み込まれた状態。詳しい編み方はP105〜を参照

11 レースの先端を適度な長さにカットする

12 本体の床面とレースの床面に接着剤を塗る

13 ボンドが半乾きになったら、レースとを本体に貼り付ける。コピー紙などを敷いて本体を表にし、紙を被せてローラーで圧着する

ライターケース LIGHTER CASE

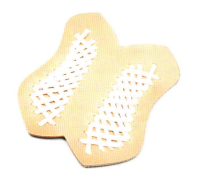

14
06〜13を繰り返してもう片方の面にも平編みアップリケを施す

縫製

続いて本体を半分に折り曲げ、縫い合わせていく。ここはかがるのではなくナイロン糸で平縫いをしていく。使用するレースの色の合わせて糸の色を変えても良いだろう。

01
本体の端5mm幅程にゴムのりなどの接着剤を塗り、半乾きになったら貼り合わせる。ヤットコやプライヤーなどで挟んで圧着すると良い

02 本体を貼り合わせたら、革包丁でコバを整える。ヤスリなどで整えても良い

03 ディバイダーを3.5mm幅に合わせ、縫い線を引く

ライターケース LIGHTER CASE

04 ディバイダーを5.5mm幅に合わせ、ヒシ目を空ける位置に印を付ける

05 04で付けた印に合わせ、菱ギリで穴を空けていく

06 手縫い針にナイロン糸を付けて、平縫いで縫い合わせていく。グランドゼロでは、はじめの2目を二重に縫ってから進む

07 はじめと同じように、終わりは縫い戻って2目を二重にし、2mm程残してカットする

08 残った糸をライターで炙って溶かし、モデラの先やライターの背で潰して焼き留めする

09 傷が付かないようにビニール袋などに本体を入れ、プライヤーやヤットコなどで糸目を挟んで潰す

ライターケース LIGHTER CASE

10 ヘリ落としを使って、縫い合わせた部分のヘリを落とす

11 縫い合わせた部分のコバに、トコフィニッシュを塗る

12 布で磨く。磨いた後にヤスリで軽く削って 11 ～ 12 を繰り返すと、コバをよりきれいに仕上げることができる

13 型紙の印を元にして、ストラップの穴の位置に印を付ける

14 13で付けた印に合わせ、15号のハトメ抜きで穴を空ける

ライターケース LIGHTER CASE

ストラップ製作

ライターケースにストラップを取り付けていく。今回は40mm程4本丸編みを施し、レースの先端にビーズをあしらう。これまで紹介した他の技法でストラップを作っても良いだろう。

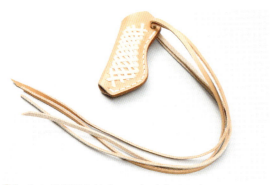

01 前ページで空けた穴に牛レースを2本差し込む。今回は 4.0mm 幅×60cm の牛レースを2本使用した

02 40mm 程 4本丸編みをしていく。4本丸編みの方法は P22〜を参照

03 4本のレースを四方に折り重ね、中心に集める。詳しくは P86-87を参照

04 4本のレースを引っぱって締め込んだら、もう一度好みの方法で結んでおく。2回目は結ばなくても構わない

ライターケース LIGHTER CASE

05
レースの先端を斜めにカットする。これはビーズを入れやすくするためだ。好みのビーズを差し込む

06
ビーズを差し込んだら、適当な位置で片結びをしてビーズを留める。レースは適当な長さでカットする

07
これでライターケースの完成。今回は全てヌメ色の革を使用したが、色革を使用すれば全く異なる雰囲気に仕上げることができる

ライターケース LIGHTER CASE

KEY CASE
キーケース

自宅や車、自転車など、必要な鍵はまとめておきたい。
ここでは外周を全てトリプルループでかがる、キーケースを製作する。

　ここで紹介するキーケースは、4つのパーツと金具を組み合わせた飽きのこないスタンダードなデザインだ。作り方自体はそれほど難しくないが、外周にトリプルループかがりを施すため、レースが5m弱程の長さが必要になる。耐久性を考えると、レースを途中で継ぐよりも、必要な長さに切って使えるクラフトレース等を使用した方が良いだろう。終わりの始末は、合わせ革にするので目立たなくすることができる。

型 紙

この図は200%に拡大すると、ほぼ原寸大になる。ただし、使用する革の厚みや質によって調整が必要な場合もある。ここで使用しているのは2mm厚の革。

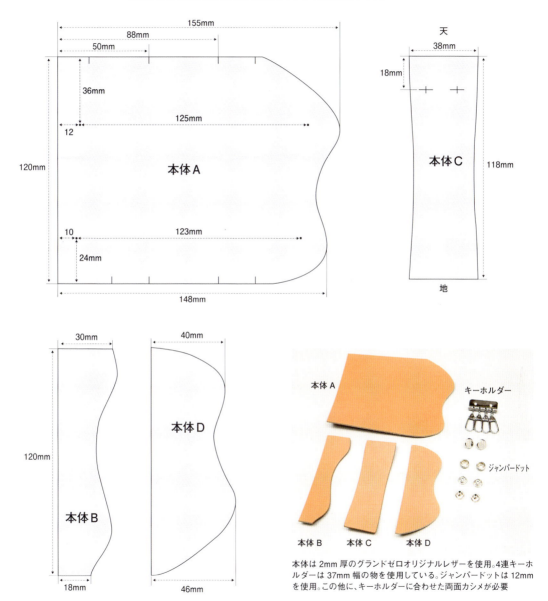

本体は2mm厚のグランドゼロオリジナルレザーを使用。4連キーホルダーは37mm幅の物を使用している。ジャンパードットは12mmを使用。この他に、キーホルダーに合わせた両面カシメが必要

キーケース KEY CASE

組み立て

まずはジャンパードットを付け、本体 A と B,D を貼り合わせていく。目打ちの空け方には、きれいにかがるためのちょっとしたポイントがあるので気をつけよう。

01 まずは金具を取り付ける位置に印を付け、ハトメ抜きで穴を空けていく。型紙を元にして、本体 A と C、D に印を付けて、10号のハトメ抜きで打ち抜く。キーホルダーが付く本体 C は、8号で穴を空ける。また、この時点で赤線の部分はヘリを落としてコバを磨いておく

02 01で穴を空けたら、ジャンパードットをセットし、オールマイティプレートなどを敷いて打ち付ける。ジャンパードット打ちは、まっすぐ立てて少しずつ打ち付けると良い

03 続いて本体 C とキーホルダーを取り付けていく。両面かカシメのオスを本体 C の床面から差し込み、キーホルダーをセットしてメスを被せる。オールマイティプレートは裏面の平らな面を表にする

キーケース KEY CASE

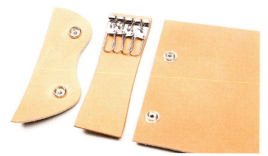

04 金具が取り付けられた状態。ジャンパードットのオスとメスを間違えないように気をつけること

05 角をピッタリと合わせて本体Aに本体Dを載せる。千枚通しなどで内側のラインをけがく。ここまでがのりしろラインとなる

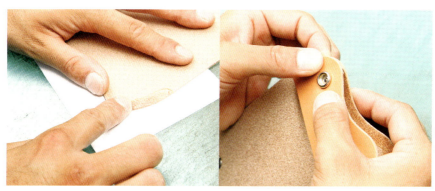

06 05でけがいた線よりも外側の外周（5mm幅程度）と、本体Dに接着剤を塗る。接着剤が半乾きになったら、角を合わせて貼り合わせる

07 プライヤーやヤットコなどで接着面を挟み、圧着する。プライヤーを使う場合は、傷が付かないように革を巻くと良い

08 05〜07と同じ要領で、本体Aに本体Bを貼り合わせる

キーケース KEY CASE

09 07と08で貼り合わせた部分のコバを、革包丁で削って整える。

10 本体Bを貼り合わせた2ヵ所の角を、革包丁で斜めに落とす。これはかがった時に角を丸くさせるためだ

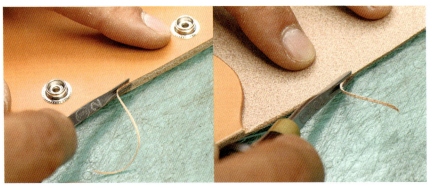

11 ヘリ落としでヘリを落とす。01で示した部分以外の全てのヘリを落とす

12 ヘリを落としたら、トコフィニッシュなどのコバ処理剤を塗って磨く。グランドゼロでは、布や様々な物を厚みや場所によって使い分けて磨いている

キーケース KEY CASE

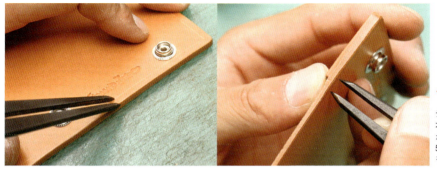

13
ディバイダーを4mm幅に合わせ、本体Aの外周にかがり線を引く。かがり線を引いたら、ディバイダーを5.5mm幅に合わせ、段差のある部分を跨ぐように穴の位置を印付ける

POINT

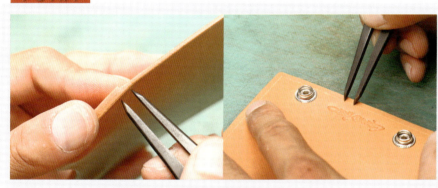

14
かがり穴の位置に印を付ける時は、本体AとB、Dの段差部分には穴が跨ぐようにする。そのため、段差のある4ヵ所とキーホルダーの取り付け位置に印を付けてから、外周に印を付けると良い

15
本体Aの内側を表にし、型紙を元にして本体Cの取り付け位置に印を付ける。取り付け位置に印を付けたら、本体Cと本体Aの段差部分も跨ぐようにして穴位置に印を付ける

キーケース KEY CASE

16
ディバイダーを5mm幅に合わせ、本体Cの上部と下部にかがり線を引く。かがり穴の位置は、同じく5mm幅で付けていく

17
13～15で付けた印に合わせ、目打ちを打っていく。まずは角の部分を除いて、直線部分だけ打っていく

18 直線部分に目打ちを打ったら、角に穴を空けていく。今回は角を3回かがるため、長方形にくり抜く。はじめは印に合わせて目打ちを打ち、次に2mm程内側に打つ。そして2mm幅の目打ちで両サイドを打ち、中をくり抜く

キーケース KEY CASE

19 続いて本体Cに目打ちを打っていく。はじめに内側だけを打ち、隙間を調節しながら両端を打つ。これでかがるための穴が全て空いたことになる

かがり

いよいよ本体の外周をかがっていく。キーホルダーが付く本体Cは接着せずにかがるだけで本体と合わせる。ここではトリプルループでかがっていく。

01 直線の途中から始める。レース針にレースを付け、外側から差し込む

02 レースの後端を左側に寄せ、進行方向とは逆の穴に差し込む。レースを引っぱって後端とクロスした状態にする

03 続いて進行方向に戻って、次の穴にレースを通す

04 02と03でできたクロスの下に針を通す。3本のレースの下を通るように差し込むこと

キーケース KEY CASE

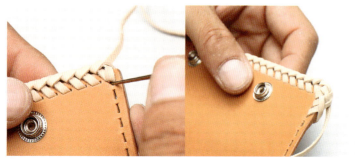

05 03と04を繰り返してかがり進み、角まで来たら3回同じ穴でかがる。その後はまた1回ずつかがって進んでいく

06 1周かがった状態。これから終わりの始末をしていく

07 外側から、はじめにかがったレースの後端を引き抜き、内側からも引くとひとつ穴が空く

08 続けて外側からと内側から引き抜き、もうひとつ穴を空ける

09 最後にもう一度外側からレースを引くと、かがりの輪が残る

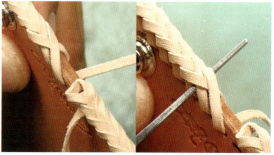

10 レースの先端（針が付いている方）に戻り、通常のトリプルループでかがり進む

キーケース KEY CASE

POINT

11 この時点でかがり目を寄り合わせ、目の幅を均等にしておくと良い

12 09でできたかがりの輪に、針を上から差し込んで外側から穴に差し込む

13 続いて、針を下から輪に差し込んでレースを引く

14 外側から、クロスしている3本のレースの下に針を差し込む

15 上から写真の部分に針を差し込み、レースを引く

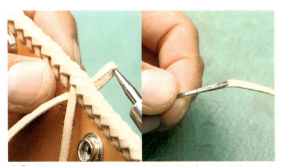

16 外側に出ているレースの後端を内側に引っぱり、その先端にレース針を付ける

キーケース KEY CASE

17 16で針を付けたレースの後端を本体Bの穴にだけ通す。本体Aと本体Bの間にレースが通るようにする

18 これまでかがり進めてきたレースの先端は、本体Aの穴にだけ針を差し込む。これも17を同じように本体Aと本体Bの間にレースが通るようにする

POINT

19 レースをカットする前に、モデラを使ってかがり目を均等に調節しておくと良い

20 本体Aと本体Bの中で、レースをカットする

21 2枚の革の間に通して始末することで、終わり目の目立たない仕上がりとなった

アイテム作例 4
ITEM SAMPLE 4

監修の藤倉氏による、オリジナルアイテムの一部を紹介。どのアイテムもデザイン性の高さと、耐久性や使いやすさを兼ね備えている

周りを赤いレースでかがったショートウォレット。赤い糸で施したステッチも良いアクセントに

握った時に、自然と手に馴染む面編みのライターケース

64年式のシボレーインパラのシート生地をインレイし、外周をかがりこんだケース

レースを編み込みループ状にした後で、編み付けたキーホルダー

赤いレザーベルトの全周をかがった腕時計。文字盤の上下にパイソン革とコンチョが取り付けられている

パイソンレザーの外周に、メキシカンバスケットウィーブかがりを施したミニマムウォレット

「ZERO ロック」(P.151参照)を採用した、ストラップ付きのフルサイズウォレット

SPECIAL THANKS

シンプルだからこそ差が付くハンドメイドへのこだわり

藤倉 邦也氏
GRAND ZERO 代表。常に最新の知識と技術を取り入れる探究心で、様々なオリジナルアイテムを作り出す

GRAND ZERO（グランドゼロ）は、裁断から仕上げまで全て手作業にこだわったアイテムを製作する、手縫い革細工のレザーアイテムショップ。代表の藤倉氏は趣味でレザークラフトを始め、約10年間独学で学んだ末にGRAND ZERO を立ち上げた。本書で公開してくれたブレーディングやかがりの他、コバの磨きやステッチ等の技術も優れており、作り出されるアイテムには手縫いならではの魅力が発揮されている。デザイン性はもちろん、耐久性に優れ"長く付き合っていける"ことや"色っぽく変化していく"アイテム作りを大切にしており、「ZERO ロック」等のオリジナル機構も生み出している。

SHOP INFO

GRAND ZERO
群馬県館林市城町 6-7 TEL 0276-73-5443
URL http://grandzero.com（公式） https://grandzero.official.ec（BASE）
Instagram https://www.instagram.com/grandzero2004/
Open 12:00〜　定休日 水

1 ガソリンスタンドの建物とピットを改装した、GRAND ZERO の店舗兼工房
2 植え込みや看板から建物の内外装、塗装まで、ほぼ全て藤倉氏の手作りだ

3 藤倉氏が手がけたレザーアイテムが所狭しと展示されている 4 フルオーダーでのアイテム製作や革の加工・修理も受け付けている。写真は、仕上がりがひと目でわかる加工見本 5 今回紹介しなかったロープ等も数多く展示されている 6 オリジナルTシャツやパーカーなどのアイテムも購入できる

GRANDZERO開発のオリジナル機構

● ZERO ロック

GRAND ZERO が2004年の開業当初から採用している、金具を使わない留め具「ZERO ロック」。このウォレットは、留め具以外すべて曲線のパーツで構成されており、雑誌掲載率や販売数 NO.1の支持を得ている人気のアイテム

● スライドマチ

通常のマチの付け方の概念を捨てることで誕生した、"開く"のではなく"スライド"させる方式のマチ。開くと抜けてしまうといった、既存のスライドマチの弱点をクリアした。見た目の厚みを変えずに収納力をアップさせることができ、閉じた状態ではマチ無しに見えるほど。お金の取り出しもストレス無く行なえ、お札に跡も付きづらい

HANAYAMA MUSIC FELLOWS

藤倉氏は、"HANAYAMA MUSIC FELLOWS"（HMF）の役員の1人でもある。HMFは群馬県館林市の「つつじが岡公園」を舞台に、「音楽」・「モノ」・「食」を通じたイベント等を企画する非営利組織。四季を通して地域と世代を超えた多様なつながりと、公共空間の新しい楽しみ方を提案している。

HANAYAMA MUSIC FELLOWS (HMF)
https://hanayama-music-fellows.com

LEATHER BRAIDING & LACING
革の編みとかがり
［増補・改訂版］

Staff

PUBLISHER
高橋矩彦　Norihiko Takahashi

SENIOR EDITOR
関根圭一　Keiichi Sekine

EDITOR
岩田 塁　Rui Iwata

ASSISTANT EDITOR
佐々木貴智　Takanori Sasaki
西下聡一郎　Soichiro Nishishita

CHIEF DESIGNER
藤井 映　Akira Fujii

DESIGNER
粕谷江美　Emi Kasuya
三觜 翔　Sho Mitsuhashi

ASSISTANT DESIGNER
本田多恵子　Taeko Honda

ADVERTISING STAFF
久嶋優人　Yuto Kushima

PHOTOGRAPHER
サカモトタカシ　Takashi Sakamoto
小峰秀世　Hideyo Komine

SUPERVISOR
藤倉邦也　Kuniya Fujikura (GRAND ZERO)

PRINTING
シナノ書籍印刷 株式会社

PLANNING, EDITORIAL & PUBLISHING
(株)スタジオタッククリエイティブ
〒151-0051　東京都渋谷区千駄ヶ谷 3-23-10　若松ビル 2F
2F, 3-23-10, SENDAGAYA, SHIBUYA-KU, TOKYO. 151-0051 JAPAN

［企画・編集・デザイン・広告進行］
Telephone 03-5474-6200　Facsimile 03-5474-6202
［販売・営業］
Telephone 03-5474-6213　Facsimile 03-5474-6202
URL http://www.studio-tac.jp　E-mail stc@fd5.so-net.ne.jp

2019年2月10日 発行

警告
- この本は、習熟者の知識や作業、技術をもとに、編集時に読者に役立つと判断した内容を記事として再構成し掲載しています。そのため、あらゆる人が作業を成功させることを保証するものではありません。よって、出版する当社、株式会社スタジオ タック クリエイティブ、および取材先各社では作業の結果や安全性を一切保証できません。作業により、物的損害や傷害の可能性があります。その作業上において発生した物的損害や傷害について、当社では一切の責任を負いかねます。すべての作業におけるリスクは、作業を行なうご本人に負っていただくことになりますので、充分にご注意ください。
- 使用する物に改変を加えたり、使用説明書等と異なる使い方をした場合には不具合が生じ、事故等の原因になることも考えられます。メーカーが推奨していない使用方法を行なった場合、保証やPL法の対象外になります。
- 本書は、2010年7月26日までの情報で編集されたものに、新たな情報を追加したものです。そのため、本書で掲載している商品やサービスの名称、仕様、価格などは、製造メーカーや小売店などにより、予告無く変更される可能性がありますので、充分にご注意ください。
- 写真や内容が一部実物と異なる場合があります。

STUDIO TAC CREATIVE
(株)スタジオ タック クリエイティブ
©STUDIO TAC CREATIVE 2019 Printed in JAPAN

- 本書の無断転載を禁じます。
- 乱丁、落丁はお取り替えいたします。
- 定価は表紙に表示してあります。

ISBN978-4-88393-850-6